JN205275

「ありがとう」の力《ちから》

学校に笑顔をとどける ウェルビーイング日記

松本有貴 編著
石本雄真・瀧澤悠・西田千寿子

新評論

まえがき

モーリス・メーテルリンク（Maurice Maeterlinck, 1862~1949）の名作『青い鳥』は、貧しい木こりの子どもであるチルチルとミチルが「幸せの青い鳥」を探して旅をするというお話です。「思い出」、「夜」、「未来」などの国に行っても見つけられなかった青い鳥は、家に戻ると、部屋の鳥籠の中にいました。物語のなかで「幸福たち」が言います。

> ぼくたちはいつだってあなたのまわりにいるのですよ。そして、あなたといっしょに食べたり、飲んだり、目をさましたり、息をしたりして、きみといっしょに暮らしているんですよ。（末松氷海子訳、岩波書店、二〇〇四年、一六八ページ）

つまり、幸せは日常生活のなかにあるにもかかわらず、私たちは見つけられていないということです。そして、二人の旅路を導く「光」は、「子どもの幸福」について、「この世でも、天国でも、いつも一番美しいものを着ている、貧乏もお金持ちも違いがない」（前掲書、一六六ページ）、

「子ども時代はとても短い、すぐ通りすぎる」（前掲書、一六七ページ）と言っています。
家庭の経済力にかかわらず、瞬く間に過ぎていく子ども時代にこそ、すべての子どもの幸福は保障されるべきであるというメッセージが発信されているのです。

今、子どもたちは幸せだと思っているでしょうか。さまざまな学校の教師や保護者のみなさんから、「子どもは忙しすぎる」とか「子どもの笑顔が減っている」などという声をよく聞きます。このような現状は、世界の子どもを対象にした「ウェルビーイング調査（子どもの幸福度調査）」の結果にも表れているようです。ユニセフの報告書である「レポートカード16」によると、先進国三八か国の「子どもの幸福度ランキング」では、日本における「子どもの幸福度」の総合順位は二〇位でした。総合順位とは、以下に挙げる三つの分野における順位を総合したものです。

①精神的幸福度（三七位）——生活満足度が高い子どもの割合、自殺率
②身体的健康（一位）——子どもの死亡率、過体重・肥満の子どもの割合
③スキル（二七位）——読解力・数学分野の学力、社会的スキル

①の「生活に満足している」と答えた割合がもっとも低かったのはトルコの五三パーセント、それに続いて日本は六二パーセントでした。また、③の「スキル」というのは、具体的には「新

しい友達をつくるスキル」のことです。もっとも自信がないのは、チリ、日本、イギリスの子どもたちでした。幸いにも、②の「身体的健康」が総合順位を押し上げたために総合順位は二〇位でしたが、「精神的幸福度」と「スキル」の結果を考えると、子どもたちのために何かをしなければならないということは明らかです〔英文文献37参照〕。

朝早くから夕方まで学校で過ごし、放課後は塾や習い事に行く。そして、家では「勉強しなさい！」と言われ続けるという毎日、子どもたちにとっては楽しいわけがありませんし、「幸せである」とは決して言えません。ご存じのように、昨今は「貧困」や「児童虐待」という問題まで世の中を席巻しています。

「児童・生徒のウェルビーイング」についてＯＥＣＤ（経済協力開発機構）は、「幸福で充実した人生を送るために必要な心理的、認知的、社会的、身体的な働きと潜在能力」と定義しています。ＯＥＣＤにおける「生徒の学習到達度調査国際結果報告書」（二〇一七年）を日本語訳した国際教育政策研究所は、生徒の「ウェルビーイング」を「健やかさ・幸福度」と表現しています。つまり、子どものウェルビーイングは、国際社会においても、日本社会においても、子どもが心も体も健康で社会的にも幸せである状態、としているわけです〔邦文文献15参照〕。

子どものウェルビーイングは、すべての国にいる大人たちの願いでしょう。世界中で、その願いをかなえるために多くの人が努力を重ねています。日本における身近な例を挙げれば、「子ども食堂」や「子どもの居場所づくり」といった活動となります。

これらの多くはＮＰＯ団体やそこで活動するボランティアによって行われているわけですが、国全体でも、各地域社会においても、社会に貢献する取り組みとなっています。子ども食堂は、民間発の自主的かつ自発的な取り組みとして、二〇一二年、東京都大田区の八百屋さんがスタートされた事業だそうです。ご存じのように、この取り組みは急激に全国に広がっていきました。

一般的に、国の政策で支援する場合「年齢、所属、所得など対象者」を限定してしまうため、多様化・複雑化している状況には適さない、という現状があるそうです［邦文文献11参照］。行政では届けにくい支援を民間団体や個人のボランティアが行って、大きな社会貢献となっています。

そこで私たちは、「ＷＥ《ウィ》ダイアリー」という一冊のノートをつくって社会に貢献することにしました。本書は、この「ＷＥダイアリー」がどういうものであるのか、どのように使うのか、また、これによって子どもは幸せになるのか、といったことを説明するために書かれたものです。

生活のなかにおいては、「見るもの」、「感じること」、「考えること」が子どもの幸せに直接影響します。し

WE ダイアリー

かし、「幸せ」を見つけることが難しい子どもがいるのです。そんな子どもたちは、見つけるためのスキルを練習する必要があります。言うまでもなく、身につけたスキルは、周りの人や環境にうまくかかわっていく力となり、幸せな生活を築くための土台ともなります。

本書で紹介する「WEダイアリー」は、子どものウェルビーイングにつながるようにつくられています。このダイアリーは、いくつかの幸運、つまり「ありがとう」を言うべき状況が重なって開発されたものとも言えます。

私たちの活動をはじめるきっかけは、アメリカの研究団体（American Institute for Research：ＡＩＲ）の報告書において「ウェルビーイング教育」を知ったことです。ＡＩＲとは、後述する「ＳＥＬ」（六五ページ参照）の国際的な調査を行っている研究団体です。

ＡＩＲが「子どもと社会――子どものウェルビーイングの国際調査」の報告書（二〇一九年）を発表する際、日本に関する部分をチェックしてほしいと頼まれました。オーストラリア、ブラジル、カナダ、フィンランド、日本、南アフリカなどの国における調査をまとめたものです。

ちなみに、日本における調査では、「子ども・若者の自殺」に焦点が当てられていました。そして、「日本ではウェルビーイング教育が必要である」と結論づけていたのです。早速、主に欧米で行われ、成果を出しているウェルビーイング教育を調べたところ、「日本の学校で実施したい」と考えるようになりました。

さらに調べていくうちに、「感謝」を教育内容にしているウェルビーイング教育に出合いました。そして、幸いにも、オーストラリアの書店で、教材のヒントとなった「**感謝の日記**」を見つけて購入しました。この発見は、本当に幸運だったと思っています。早速、ウエルビーイング教育の研究に取り掛かり、「WEダイアリー」を作成することになったわけです。

二〇二〇年からの新型コロナ禍によって、学校で対面で行う、子どもたちの話し合い活動を含む心理教育の実践が困難な状態となりました。しかし、相互交流活動が制限される環境においてもできるウェルビーイング教育として、「WEダイアリー」の実践は可能だったのです。新型コロナ禍で子どもの心の健康が心配されるなか、ウェルビーイング教育の役割を果たすことができたのではないかと自負しています。

「WE」は「ウィ」と読みます。ウェルビーイングの

オーストラリアの書店に並ぶ「ウェルビーイング」の関係書。中央の黒い本が「感謝の日記」（大人版）

「W」とエジュケーション（教育）の「E」ですが、「WE＝私たち」という意味も含んでいます。以下では「WEダイアリー」の内容を簡単に紹介していきますが、その前に、オーストラリアで購入した「感謝の日記」〔英文文献77〕の内容を紹介しましょう。

　見開き二ページに九つの活動が掲載されています。一ページ目となる左のページには五つの活動が書かれています。まず、左上のコーナーに「今日のすごい出来事」を三つ書きます。そして、その右横に描かれている六つの感情を表す「スマイリーフェイス」から、当てはまる表情を選びます。中央部分左にある「親切尺度」に自分で判断した親切度を五段階で評価します。次は、その右横にある「吹き出し」に考えていることを書き、下の一番大きいスペースには感謝する内容を書くことになります。

　右ページには、四つの活動が掲載されています。その日についてのメモ、よいことチェックリスト、落書きコーナー、そして、怪獣の大きな口には心配事を記入（怪獣のエサになる）します。毎日、この二ページに記入することで、心の健康を保つ活動としているわけです。

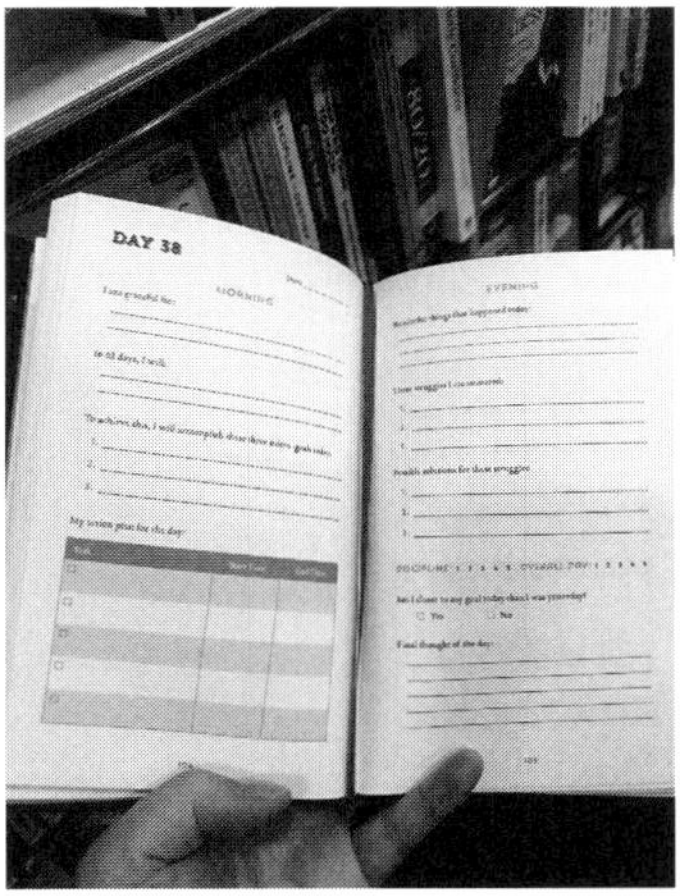

「感謝の日記」（大人版）の中

一方、私たちが作成した「WE《ウィ》ダイアリー」では、毎日一ページに記入していきます。その日の「ありがとうを見つける」という、感謝の活動が中心となっています。心理プログラムで使われている感謝の活動には、「発表する」、「記録する」、「話し合う」などといったさまざまな方法がありますが、そのなかで一番使われているのが「感謝の日記（日誌）」なのです。感謝する出来事、人、モノに気づき、その対象とともに感謝する内容を書いていくことになります。

感謝の活動は、大人にも子どもにも「**心の健康に効果がある**」と言われています。心が健康になる状態とは、「自己肯定感が高まる」、「落ち込んだ気持ちが軽くなる」、「前向きな気持ちになれる」などのことです。このような状態になれば、誰しも幸せな感じがするはずです。

「ありがとうを見つける」ためには、まず生活を振り返る必要があります。私の場合、幼いころを振り返って、ウサギの人形を思い出しました。小さいころに母がつくってくれた人形です。ですから私は、お母さんがつくってくれたこの人形に「ありがとう」と言っています。いつも一緒にいてくれたこと、たくさん話したこと、どんなときでも私の味方であったことに感謝していま す。私にとってウサギの人形は、忘れていた幼児期における思い出の一つなのです。

幼いころを振り返り、私は温かい気持ちになりました。自分が大事にされていたという感覚が改めて芽生え、それがエネルギーになったわけです。

また、振り返るという活動には大きな働きが備わっています。そう、「メタ認知」を育てるのです。「メタ認知」とは、もう一人の自分が自らを観察して得られる「気づき」のようなもので、自らの感情や考えがはっきりとしてきます。よって、自らをコントロールしやすくなりますし、よい決断をするための力も備わることになります。

メタ認知の達人としては、アメリカの大リーグで活躍したイチローさんが有名です。彼は、自分の活躍を可能にしたメタ認知について次のように言っていました。

> 自分のナナメ上にはもう一人の自分がいて、その目で自分がしっかりと地に足がついているかどうか、ちゃんと見て自分を落ち着かせていたんです。(1)

まさに、彼の偉業を支えたスキルだと言えます。たぶん彼は、このような思いのもと「オリックス・バッファローズ」に入団し、当初は二軍生活を送りますが、自分の思いを崩すことなく野球におけるスキルアップを目指したのです。その後は、みなさんがご存じのような活躍につながっています。

---

(1) 「ほぼ日刊イトイ新聞」第五回「世界の人の評価を求めてしまったら」https://www.1101.com/ichiro/2004-03-26.html 参照。

ところで、子どもが参加した「ありがとうを見つける」という感謝の効果に関する研究はたくさんあります。その一部を巻末の英文参考文献（①②）に掲載しましたが、ともに英文ですので要点だけ紹介しておきます。これらによると、以下のように、クラスにおいてウェルビーイングが向上したと報告されています。

・前よりも教師や級友とつながっていると感じる。
・前よりも学校生活に満足する。
・自分に自信がもてるようになった。

言うまでもなく、子どもは毎日、ほとんどの時間を学校で過ごすわけですから、学校におけるウェルビーイング教育は必須となります。『Teaching Gratitude for Social and Emotional Learning（社会性と感情の育成のために感謝を教える）』［英文文献5］という論文では、「容易に、効果的に実施できるのは感謝の練習である」とまで述べられているのです。

つまり、生活を振り返り、「ありがとうを見つける」活動を行えば、自分への気づき、他者に対する配慮という力を育て、他者との「つながり」にも気づける力が育つということなのです。

これらの力は、「感情の力」や「社会的な力」と言われているほか、「非認知能力」や「二一世紀のスキル」などとも呼ばれています。子どもたちがこれからの時代を生きていくために大切となる力（スキル）ですし、それを育てるための教育実践が世界中で行われています。

遅ればせながら、日本でも、「思いやり」や「協調性」などといった「**感情の力**」や「**社会的な力**」を育てる教育が必要である、と考える人が増えてきました。現在、その人たちが取り組んでいるのが、「社会性と感情の学習（ＳＥＬ）」という教育です。本書の出版社である新評論でもこれに関する本が数冊出版されていますが、ひと言で言えば、「二一**世紀を生きる子どもの力とスキルを育てる**」学びとなります。

もちろん、子どものウェルビーイングの向上にも役立つものとなっていますし、学力を向上させる教育ともなり、世界中で注目されている教育です。詳しくは他書に譲りますが、主なアプローチを紹介しておきましょう。

①自尊感情の向上
②レジリエンス（困難を跳ね返す力）の育成
③自己決定と動機づけ
④ポジティブ心理学をベースとする自己受容

②の「レジリエンス」を育てる教育は日本でも注目されつつあります。レジリエンスとは、「弾力」、「復元力」、「回復力」を意味する言葉ですが、心理学では、「困難や逆境の環境にありながら、

メンタルヘルスとウェルビーイングを維持する個人または地域の能力」と定義されています［英文文献76参照］。簡単に言えば、「乗り越える力」となるわけですが、当然、ウェルビーイングにおいても欠かせない力となります。

言うまでもないことですが、「感情の力」と「社会的な力」は、学力だけでなく社会的な成功にも影響してきます。「社会性と感情の学習（ＳＥＬ）」とは、「感情」の認知と扱い方、そして他人との共感的な思いやりのある「対人関係」の学習であり、乳幼児から成人に至る、人生のさまざまな出来事に対処するための力を育てます（日本ＳＥＬ学会ホームページ［http://j-sel.org/］参照）。カリキュラムとして位置づけられたＳＥＬ教育が欧米などで行われているのは、メンタルヘルスと学力の向上に効果があると分かっているからなのです。

参考までに述べますと、ＳＥＬでは、以下の五つの力が大事であると考えられています。

❶**自分について気づく力**――自分の感情、価値観、行動に気づく力

❷**自己をコントロールする力**――自制心、動機づけ、目標設定など

❸**他者について気づく力**――他者の視点や価値観に気づき、多様性を尊重する力

❹**対人関係スキル（力）**――他者と前向きなつながりを築き、維持する力

❺**責任ある意思決定力**――自分とともに他者を大事にするための選択力

これらの力をさまざま活動によって育んでいくわけですが、これらは「幸福で充実した人生を送るために必要な力」となります。となると、「ありがとうを見つける」活動は、やはり「ウェルビーイングを高めることになる」と言えます。本書で紹介する「WE《ウィ》ダイアリー」は、感謝の活動がメインとなっているウェルビーイング教育なのです。

ある小学校で行った「WEダイアリー」における「ありがとうを見つける」活動において、子どもたちが書いたことを少しだけ紹介しておきましょう（一部漢字に変換しています）。

・**お母さんへありがとう**――風邪をひいていてずっとご飯をいらない、と言っていたのに、「ごはんを食べてみたら」と言ってくれてありがとう！　あと、お粥をつくってくれてありがとう。そのお粥はとってもおいしかったよ。そのおかげで早く治りそうです。

・**全校のみんなへありがとう**――今度の火曜日、二〇分休みと昼休みに私たちのミニコンサートがあります！　クラスでだれが来てくれるかアンケートをとると、けっこうの人数が来ると言っていました！　ありがとう♡

・**学生による学習支援教室である「きらきらルーム」へありがとう**――今まで勉強を教えてくれたり、楽しいレッスンをありがとうございました。楽しかったです。

・**七夕へありがとう**――今年もいいことがいっぱいありますように。

・明日へありがとう——金・土・日が休みで、火曜日も休み。最高や。ありがとう。
・WEダイアリーさんへありがとう——何を書こうかな、と考えることによっていい刺激や力をもらっています。

このように、さまざまな人やモノへの感謝が書かれていました。感謝する対象は特別なモノではありません。子どもたちは、日常の生活のなかで「ありがとう」を見つけているのです。先に紹介した『青い鳥』に出てくる「幸福」は、有名な幸福たちをチルチルとミチルに紹介しています（前掲書、一七〇ページ）。「きれいな空気の幸福」、「青空の幸福」、「春の幸福」、「夕焼けの幸福」、「雨の幸福」などのように、私たちの日常にある幸福たちなのです。

いかがですか、「ありがとう」を見つける力は、日常生活において「幸福」を見つける力になると思いませんか。

先に挙げた「ありがとう」の例は、いかにも子どもらしい発言と言えますが、普段、みなさんはこのような形で言葉にする機会はありますか。「心では思っている」と言う人もいるでしょうが、言葉にすることで初めて相手に伝わり、社会的な活動となって自らの社会性が高まり、他者とのつながりが生まれ、人との関係性が深まっていくのです。それを証明するように、この授業に取り組んでいただいた小学校の校長先生から以下のような感想をいただきました。

「子どもたちに笑顔が増えたし、楽しいこと、うれしいことを、私にまで伝えてくれるようになりました」

一方、保護者からは、「**ありがとうを探す活動でものの見方が前向きになったので、これからも続けてほしい**」と言われました。もちろん、子どもたちからは「楽しかった！」という感想が届いています。

本書では、このような活動をはじめとして、「WEダイアリー」にある五つの活動を紹介するとともに、そのあとに記載されている三つのチェックリストについて解説していくことにします。とはいえ、単に解説するだけでは臨場感がありませんので、私たちが行った授業の様子などを紹介しながら具体的に説明していくことにします。また、感謝の活動の意義や背景、子どもたちのウェルビーイン

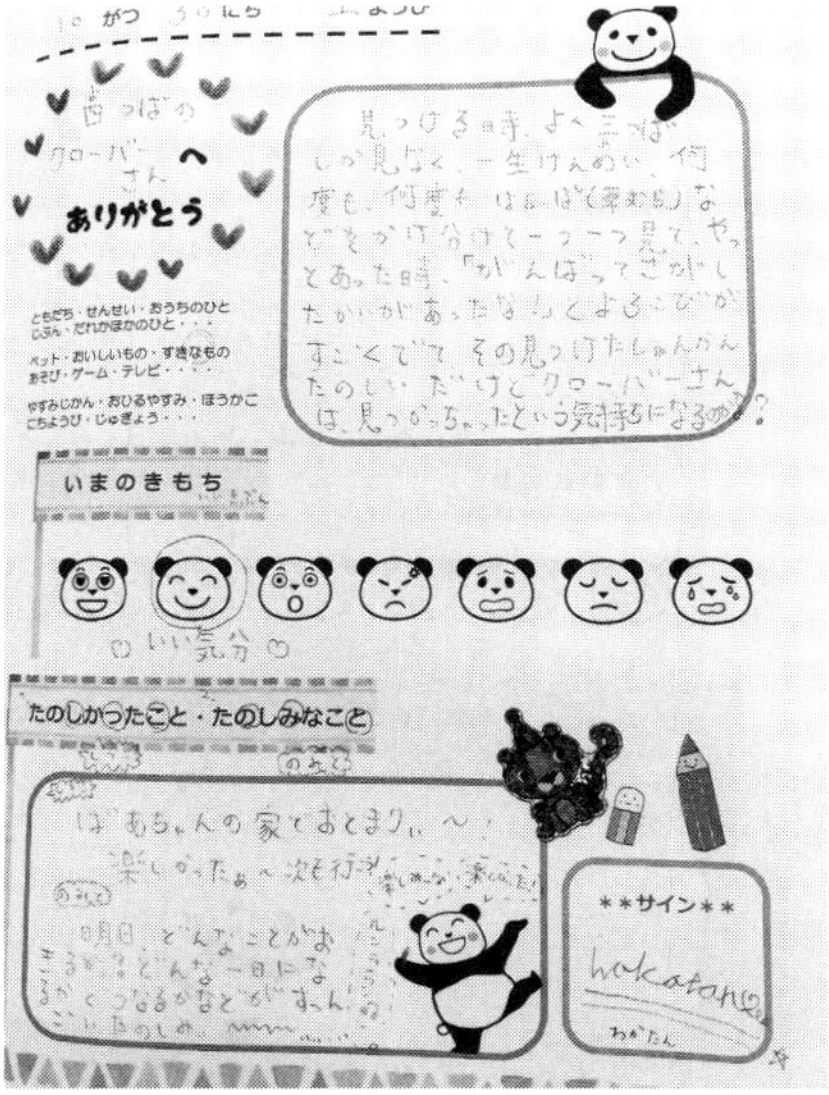

子どもが書いたWEダイアリー

グの力が育ったのかどうかという評価についても報告していきます。

本書を読まれて、実践される人が増えることを願っているわけですが、その「後押し」となるエピソードを紹介しておきましょう。二〇一九年一一月二八日に放送された『クローズアップ現代　大林宣彦監督　生きる覚悟』(NHK)において、映画監督の大林宣彦(一九三八～二〇二〇)氏が俳優の満島真之介氏に託した言葉が次のように紹介されていました。

ひとは、ありがとうの数だけかしこくなり、ごめんなさいの数だけうつくしくなり、さようならの数だけ愛を知る。

「尾道三部作」として知られている『転校生』(一九八二年)、『時をかける少女』(一九八三年)、『さびしんぼう』(一九八五年)をはじめとして多くの名作映画を世に送り出してきた大林監督の言葉、さすがに重みを感じてしまいます。

そこで私たちは、「**ありがとうの数だけ幸せになる**」ことを願いながら、本書を進めていくことにします。読者のみなさまが「ありがとう」を探しながらウェルビーイングを高めていけるように、本書ではさまざまなテーマを取り上げています。ぜひ、最後まで読んでみてください。願わくば、読後に「**ありがとう**」と言っていただけるとうれしいです。

もくじ

「ありがとう」の力——学校に笑顔をとどけるウェルビーイング日記

第1章

「WE ダイアリー」の詳細

満開の桜の下にあふれる笑顔

1 一冊の冊子が基本

近年では、学校でもタブレット端末などの利用が一般的となってきました。日記や記録についても、デジタルで行うという人が少なくありません。しかし、WEダイアリーは、現在のところ紙の冊子を基本としています。紙であることで、過去のものが振り返りやすく、書けば書くほどページが進んでいきますので、積み重ねを実感しやすいというメリットがあります。

また、紙の冊子であれば、文字だけではなく絵を使った表現も容易にできますし、自由にサインを書くこともできます。このため、WEダイアリーへの取り組みは、一人ひとりに冊子を配布し、表紙に名前を書いてもらうところからはじまります。ただし、書くことに困難をもつ子どもに対しては、タブレットでの入力など、ほかの手段を用意することも重要となります。

WEダイアリーは、「**ありがとうのシート**」に、「**気持ちのチェックリスト**」、「**生活チェックリスト**」、「**リラックスチェックリスト**」というシートを加えた合計四種類のシートで構成されています。「ありがとうのシート」が五ページ、その後にチェックリストのシートが一ページずつ掲載されています。書き方としては、「ありがとうのシート」には毎日（五日）書き、チェックリストのほうは週に一回記入する形となります。

5　第1章「WEダイアリー」の詳細

気《き》持《も》ちのチェックリスト
（できたら□に色《いろ》をぬってね）

□ じぶんの気《き》持《も》ちがわかった

□ 友《とも》だちの気《き》持《も》ちに気《き》づいた

□ 気《き》持《も》ちをあらわす言葉《ことば》がいえた

□ へこんだ　□ ないた

□ たのしかった　□ おこった

□ うれしかった　□ いっしょうけんめいだった

□ じぶんの気《き》持《も》ちに気《き》づかなかった

生活チェックリスト

（○をつけてね）

1. きのうの夜《よる》から今朝《けさ》まで何時間《なんじかん》ねたかな？

−5−6−7−8−9−10−11−12−（時間《じかん》）

2. きょう食《た》べたごはんやおやつはどれかな？

あさ　ひる　よる　おやつ　やしょく

3. お水《みず》やお茶《ちゃ》はコップ何《なん》はい飲《の》んだかな？

−3−4−5−6−7−8−9−10−（はい）

4. うんどうはどれくらいしたかな？

（ドッヂボールやおにごっこもふくむよ）

—1—2—3—（時間《じかん》）

5. 自分《じぶん》の得意《とくい》なことができたかな？

（スポーツ・歌《うた》・ダンス・絵《え》・おりがみ・おりょうりなどなど）

できた　できなかった

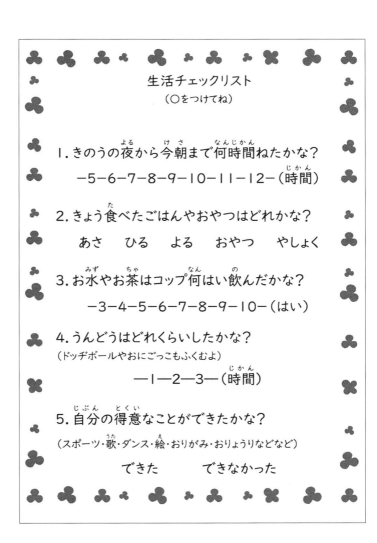

リラックス チェックリスト
（できたら□に色《いろ》をぬってね）

□ 呼吸《こきゅう》 おなかがへこんだりふくらんだりする

□ 呼吸《こきゅう》 はなからゆっくりすって口からゆっくりはく

□ 筋肉《きんにく》 てをぎゅっとしてパッとひらく

□ 筋肉《きんにく》 かたをあげてさげる

□ めいそう 自然《しぜん》（虫《むし》や風《かぜ》など）の音《おと》に耳《みみ》をすます

□ めいそう 自分《じぶん》の呼吸《こきゅう》や心臓《しんぞう》に注意《ちゅうい》をむける

□ おふろ ゆっくりあったまる

□ のんびりリラックスできることをする
（音楽《おんがく》をきく・絵《え》をかく・友《とも》だちとはなす・好《す》きな遊《あそ》びをする
・お気《き》にいりの場所《ばしょ》でゆっくりする、など）

「ありがとうのシート」の五ページについては、平日を対象としてもかまいませんし、一週間のなかから五日間を選んでいただいてもかまいません。WEダイアリーには、八週間分のシートが入っています。

もし、三つのチェックリスト（三ページ）を一日で書いたとすると、「ありがとうのシート」は五日分ありますから一週間で六日記入したことになり、残りの一日はお休みとなります。書いてもらったところ、一日で三つのチェックリストを記入するという子どもが多かったようです。でも、「ありがとうのシート」を七日間続けて記入したり、チェックリストを「ありがとうのシート」と合わせて記入したりと、進め方は自由に選択してもらってください。

基本的に、進め方については子どもたちに任せてよいと思いますが、おおよそ一週間で「ありがとうのシート」（五ページ）を埋めることを目安にしてもらえれば子どもたちも進めやすいと思います。もちろん、記入しない日があってもかまいません。

実践して気づいたことがあります。たとえば、子どもたちの積極性です。どんどん進んで、「二冊目が欲しい」と言ってくれた子どもが数人いました。びっくりしましたが、うれしかったです。次に、教師の教師らしさです。「みんなで一緒に進んでいきたいからページ数があると助かる」というご要望がありました。どちらも取り組みにあたって参考になり、ありがたいと思いました。

それでは、それぞれのシートについて詳しく見ていきます。

2 「ありがとうのシート」にある五つの活動

ＷＥダイアリーの一ページ目は、「みなさんこんにちは」ではじまるインストラクションとなっています。ここでは、「ありがとうのシート」で取り組む五つの活動が説明されています。そして、次ページは、五つの活動として、何をどのように記入するのかが分かるように、具体例を示すページとなっています。毎日記入していく五つの活動は、以下のような流れとなります。

活動１ 「○○○へありがとう」に、「ありがとう」を言う対象を記入します。
活動２ 何に対して「ありがとう」を言うのか、感謝する内容を書きます。
活動３ 七つのパンダの表情から、今の気持ちに一番近い表情を選びます。
活動４ 楽しかったこと、楽しみなことを書きます。
活動５ 小さいコーナーにサインをします。

繰り返しとなりますが、「ありがとうのシート」は五ページにわたって五日分の活動を記入するようになっています。それに続く三ページは、三つのチェックリスト、つまり「気持ちのチェ

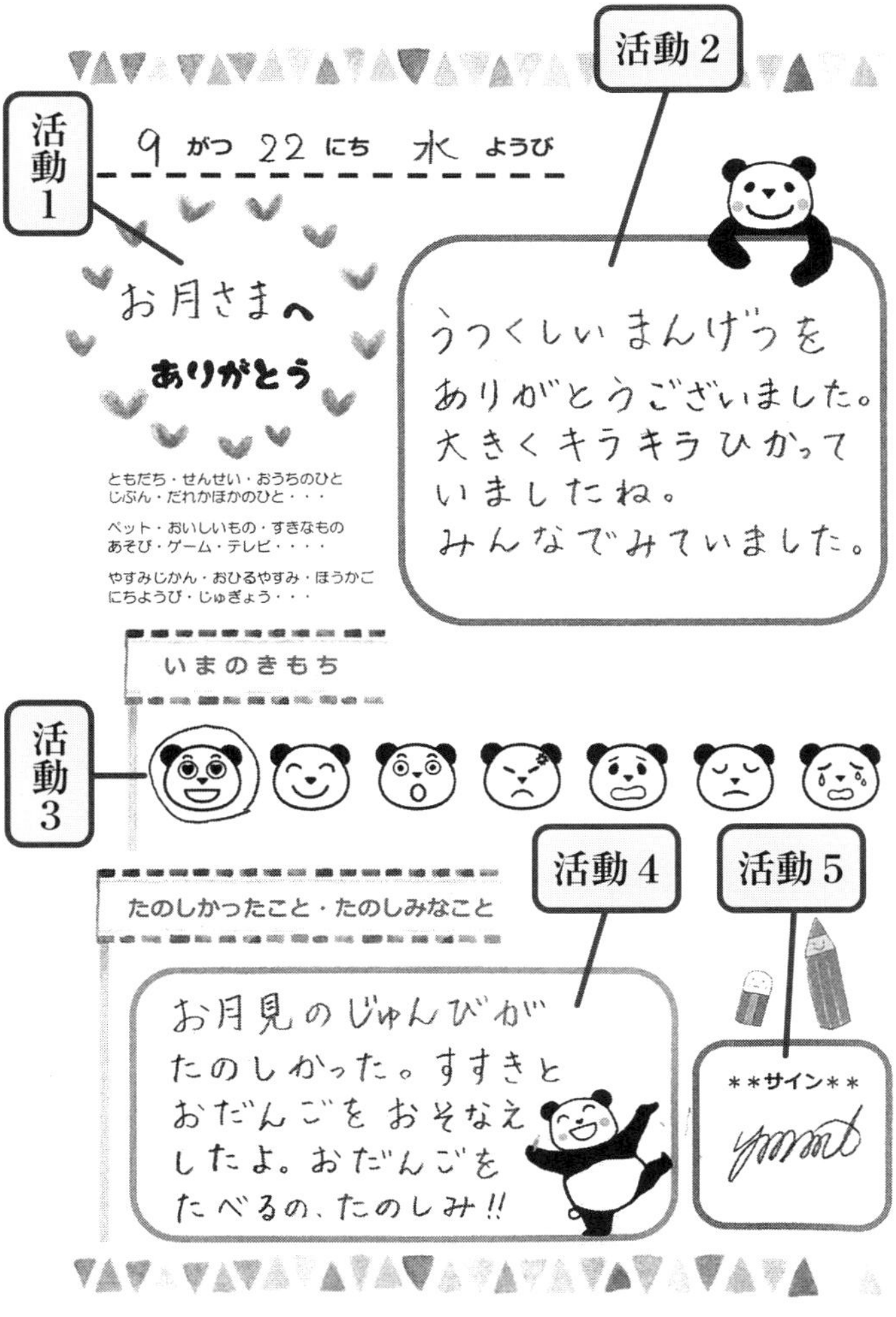
活動2
活動1
9 がつ 22 にち 水 ようび
お月さまへ
ありがとう
うつくしいまんげつを
ありがとうございました。
大きくキラキラひかって
いましたね。
みんなでみていました。
ともだち・せんせい・おうちのひと
じぶん・だれかほかのひと・・・
ペット・おいしいもの・すきなもの
あそび・ゲーム・テレビ・・・・
やすみじかん・おひるやすみ・ほうかご
にちようび・じゅぎょう・・・
いまのきもち
活動3
活動4
活動5
たのしかったこと・たのしみなこと
お月見のじゅんびが
たのしかった。すすきと
おだんごを おそなえ
したよ。おだんごを
たべるの、たのしみ!!
＊＊サイン＊＊

ックリスト」、「生活チェックリスト」、「リラックスチェックリスト」です。概ね一週間でこの八ページに記入して、ウェルビーイングにつながる力を育てていくことになります。

では、五つの活動について詳しく説明していきましょう。

活動1 「〇〇〇へありがとう」に、ありがとうの対象を記入

最初に記入するのは、その日の「ありがとう」の対象となる「誰に、何に」です。「〇〇〇へありがとう」が小さなハートに囲まれています。その下には、例がたくさん書かれています。「ともだち・せんせい・おうちのひと・じぶん・だれかほかのひと……ペット・おいしいもの・すきなもの・ゲーム・テレビ……やすみじかん・おひるやすみ・ほうかご・にちようび・じゅぎょう……」です。

子どもたちは、これらの例を参考にしながら空欄に書いていきます。写真で掲載した記入例では、「ありがとう」の対象を「お月さま」にしました。人でなくてもいい、という例です。一日を振り返る際には、視野を広げて、このようなことにも気づいてもらいたいものです。

子どもによっては、「ありがとう」が見つけにくい、「ありがとう」を言う対象が探しにくいといった場合があると思います。

たとえば、宝探しをする際、「宝がどこかにあると思う」という前提が必要となります。そして、

「どのあたりにあるのかと見当をつける」というスキルが必要となりますが、「予想する」とか「展望する」といった力は、子どもには難しいかもしれません。それと同じく、「ありがとう」を見つけにくい子どもに、「ありがとう」の対象がどこにあるのか、どのあたりにあるのかを予想してもらうというのは難しいでしょう。それゆえ、例をたくさん示して、子どもの理解を助ける必要があります。

子どもの生活環境が厳しい状態であればあるほど、適切な例を示すのが難しいかもしれません。でも、何か美しいもの、何かに取り組めたこと、誰かの笑顔、交わした挨拶など、毎日の生活のなかには私たちの気持ちを支えているたくさんのモノがあふれています。それらに気づくための例を考えて、示してください。

活動2　どういうことに「ありがとう」を言うのかを記入

「活動1」の横には、パンダが抱えている四角い空間があります。「活動1」で書いた人やモノに対する感謝の内容をここに書き入れます。先に挙げた例には、「うつくしいまんげつをありがとうございました。大きくキラキラひかっていましたね。みんなでみていました」と、感動を与えてくれた月の美しさが書かれています。

最後には、「みんなでみていました」と、人との交流を意識した様子も書かれています。一緒に月を見ていないかぎり、同じような人がいるとは気づきません。でも、存在しているはずです。実際に同じ場所にいなくても、美しい月を自分と同じようにどこかで見ている人に思いを馳せれば、温かい感情を体験することができます。

「活動1」と「活動2」は、振り返り活動による記入となります。振り返りには、メタ認知（考え、記憶、判断などといった認知活動に対する知識）が使われます。その日の思いや気持ちを振り返り、それらのなかから「ありがとう」を見つけるわけです。

「ありがとう」の場面を思い描くと、感情知能（自分や他者の感情を理解する力）が働きます。メタ認知は、自分の思いや考えを別の視点から見つめることになりますので、それによって感情が整えられるのです〔邦文文献21参照〕。

つまり、感情というものは、どのように考えるかによって変わるということです。たとえば、挨拶をしたけれども相手から反応がなかったとします。無視されたと考えれば、悲しくなったり腹が立ったりしますが、「気づかなかったのかな」と考えれば平気ですし、もっと近づいて声をかけてみるなど、前向きに取り組むことができます。

子どもにとっては「何もなかった」という日であったとしても、振り返ってみると、グループで教えあう活動をしたときを思い出すかもしれません。そして、教えてもらって分かるようになったという「うれしい気持ち」に気づくと、グループのメンバーに「ありがとう」を言うことに

表1－1　代表的なポジティブ感情

・喜び（joy）	・感謝（gratitude）
・安らぎ（serenity）	・興味（interest）
・希望（hope）	・誇り（pride）
・愉快（amusement）	・鼓舞（inspiration）
・畏敬（awe）	・愛情（love）

出典：［英文文献42］参照。

なるはずです。

このように、「ありがとう」を見つける振り返りは、「楽しい」や「うれしい」などといったポジティブな感情につながっていくのです。代表的なポジティブ感情として、一〇種類があります（**表1－1**参照）。

もちろん、社会文化的な価値観の違いがありますから、日本人のポジティブ感情はこれらとは違ったものになるかもしれません。でも、感謝からいろいろなポジティブ感情に気づけることは確かです。

いずれにしろ、感謝の対象である「人、モノ、コト」が、自分の生活に果たしている役割の価値が分かります。この感謝、ポジティブ感情、自分の生活の価値の認識がつながって、心身の健康、ウェルビーイング、対人関係によい働きをするわけです［英文文献70参照］。

活動3　七つの表情をしているパンダから、自分の気持ちに一番近い表情を選ぶ

読者のみなさんは、自分の感情に気づいて、普段からラベリング（言葉で表現する）をしていますか？　感情のラベリングは、感情コ

ントロールの第一歩となります。自分の気持ちを大切にするためにも、ポジティブ感情だけでなく、心配や悲しみの感情に気づいてラベリングする必要があります。

ラベリングは感情コントロールを促す、ということはよく知られていますが、脳画像からどうしてそうなるのかが分かりました。三〇人の被験者にさまざまな感情を表す画像を見てもらい、そのときの脳画像を撮って調べたわけです。「怒り」の画像を見ているときにその感情を表す言葉（怒り）を選んだグループは、扁桃体の活動が減少しました。一方、「サリー」とか、感情に関係ない言葉を選んだ人たちの扁桃体の活動は変わりませんでした［英文文献47参照］。

脳の扁桃体は、私たちの感情をつかさどっています。とくに、「恐怖」、「不安」、「緊張」、「怒り」などのネガティブな感情にかかわっており、私たちの命を守ろうとしています。また、扁桃体は、理性的に考える脳の前頭葉よりも前に発達した部分で、状況を一瞬のうちに「安全か安全でないか」を判断します。つまり、理性的に考える前に反応するわけです。

でも、ラベリングによって、訳の分からないネガティブ感情ではなく、顔見知りの「怒り」だと認識すると活動レベルを下げることになります。このことから、

その時々の感情を理解し、表現することの大切さが分かります。

パンダの顔は、左から「超うれしい」、「うれしい」、「びっくり」、「おこっている」、「心配」、「別にという無関心」、「悲しい泣き顔」を示す表情が描かれて、横一列に並べられています。その日の自分に一番近い表情を選べばいいわけですから、子どもたちはすんなりと選ぶはずです。

これまでに取り組んだWEダイアリーの実践では、左から一番目の「超うれしい」か、二番目の「うれしい」を選ぶ子どもが多かったです。「活動1」と「活動2」で、いい気持ちになっている成果なのかもしれません。あるいは、ポジティブな気持ちを選びたいのかもしれませんし、自分の心配事や悲しみを表現しない傾向があるのかもしれません。

それはともかく、結果的には、笑顔を選べば気持ちが明るくなるという効果があるように思っています。

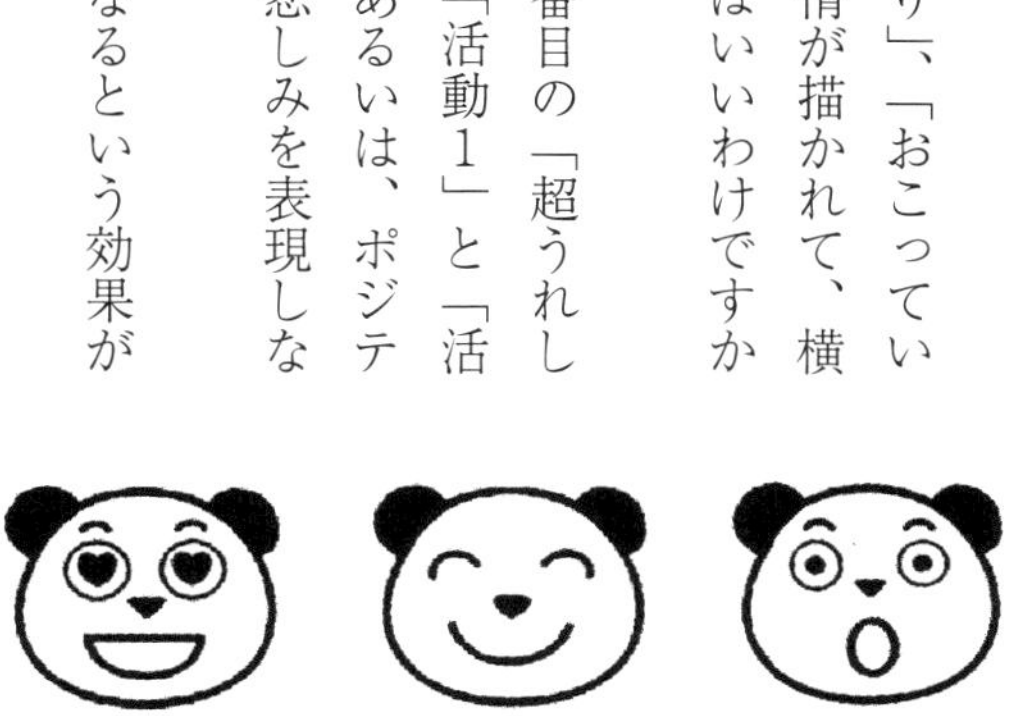

「楽しいから笑うのではなく、笑うから楽しいのだ」と考えるジェームズ・ランゲ説[1]をご存じでしょうか。一八八〇年代中頃、アメリカの心理学者ウィリアム・ジェームズとデンマークの心理学者カール・ランゲが別々に唱えた説です。人は「感情に伴って身体的変化が起きる＝悲しいから泣く」のではなく、「身体的変化に伴って感情が変化する＝泣くから悲しい」

のではないかと二人は言っています［英文文献43参照］。

この説のように考えるなら、笑顔のパンダの表情に自分の表情を重ねることで気分がよくなるということになります。

活動4 楽しかったこと、楽しみなことを記入

その日の振り返りで楽しかったことを記入してもらうか、今後予定されている楽しみなことを記入します。日常生活におけるさまざまなモノやコトが原因となって、「不安」、「心配」、「落ち込み」といった状態に私たちは晒されています。そのような状態であれば、楽しいことに気づくというのが難しくなります。この活動は、今の気分がどうようなものであれ、楽しかったこと、楽しみなことに気づく練習となります。

楽しいという感情は、ポジティブ感情である「喜び」、「興味」、「希望」、「愉快」に当てはまります。もちろん、「愛情」をともなう場合もあるでしょう。私たちの脳は、「楽しい」と感じると頑張るようにできています。実際に、その効果を調べた学者がいます。顔の表情が私たちの体や心にどのような影響を与えるのか、これについて実験をしたわけです。

口に鉛筆を横に加えて笑顔をつくるグループと、鉛筆を口にさしてしかめ面をつくるグループに分けた実験において、両グループに同じマンガを読んでもらいました。そうすると、笑顔グル

ープのほうがマンガの面白さを高く評価したのです〔英文文献72参照〕。つまり、鉛筆をくわえてつくり出された表情のほうが、マンガの面白さに影響を与えたということです。

また、別の実験では、「嫌悪」の表情をしてもらうと、「視野が狭くなる」、「鼻腔が狭まる」、「知覚が低下する」という変化が起こったそうです〔英文文献73参照〕。

実験とはいえ、顔の表情をつくるだけでも体や心に変化があるということです。ひょっとすると、顔の表情だけではなく、本当に感じていることにも大きな変化をもたらすでしょう。日々、感情の力を意識して過ごしたいものです。

ポジティブ感情のメリットはたくさんあります。「健康や学業によい結果をもたらす」という話を聞かれたことがあるかもしれません。医師を対象に行った研究では、ポジティブ感情を経験していると、より正確な診断が下されるという報告があるくらいです〔英文文献38参照〕。さらに、ポジティブとネガティブの割合が「3対1」、もしくはポジティブの割合がそれよりも高い場合は「元気が出る」とも言われています〔英文文献30参照〕。

（1）（James-Lange theory）一八八四年～一八八五年、アメリカの心理学者ジェームズ（W.James）とデンマークの心理学者ランゲ（C.Lange）によって唱えられた「情動」の本質に関する説です。「刺激→情動→身体変化」という変化ではなく、「刺激→身体変化→情動」という道筋が考えられました。つまり、「悲しいから泣くのではなく、泣くから悲しい」ということです。

このように、さまざまなメリットがあると分かっていても、毎日、ポジティブな感情だけで過ごすというのは難しいものです。それだけに、楽しかったこと、楽しみなことを記入するという活動は、ポジティブの割合を高めることになります。

活動5 サインを記入

最後に、右下の小さなコーナーにサインをします。もともとは学級活動として「WEダイアリー」に取り組んだ際に、教師が「見ました／確認しました」などを示す場所として設けたコーナーです。子どもたちは、予想以上に創意工夫して、独自のサインを考え出し、ここに記入するようになりました。

活動後のアンケートに、「サインが楽しい」と書いてくれた子どもが何人もいました。私たちが驚くほど、サインをするという行為は楽しい活動だったようです。

サインといえば、まず有名プロ野球選手など、憧れている人からもらう色紙などをイメージしま

サインをする子ども

す。将来、自分がサインをしている光景などを想像して、楽しんでいるのかもしれません。

イメージは、言うまでもなく、人によって違います。たとえば、宇宙に対するイメージはどうですか？「壮大」、「夢」、「暗黒」、「未知」など、一人ひとりの捉え方が違っているはずです。サインをするという行為も同じなのです。自分がイメージしたようにサインをするという行為は、自らをしっかりと記す、つまり「自覚する」という行為につながりますので、大きな意義をもつことになります。

3　三つのチェックリスト

「ありがとう」を見つけるページが五日続いたあとに、「気持ちのチェックリスト」、「生活チェックリスト」、「リラックスチェックリスト」（六〜八ページ参照）に記入していきます。基本的には、週日に「ありがとう」を見つけて記入し、週末にチェックリストに記入するという構成になっていますが、柔軟に取り組んでもらっています。

これらチェックリストの理論的な背景とその重要性については、第４章で改めて理解していただきますが、ここでは、「まえがき」で紹介した「感謝の日記」のなかに取り入れた私たちの願いとして説明します。

表１－２　気持ちを表す10種類

□じぶんの気《き》持《も》ちに気《き》づかなかった	
□友だちの気持ちに気づいた	
□気持ちをあらわす言葉《ことば》がいえた	
□へこんだ	□ないた
□たのしかった	□おこった
□うれしかった	□いっしょうけんめいだった
□じぶんの気持ちに気づかなかった	

このようなチェックリストは、オーストラリアの書店で見た「感謝の日記」にはありません。ＷＥダイアリーでは、ウェルビーイングに役立つ生活習慣を子どもたちが意識してつくっていくための支援として付け加えました。では、三つのチェックリストを簡単に説明しましょう。

気持ちのチェックリスト

「気持ちのチェックリスト」は、感情の力を育てるためにつくられたものです。「じぶんの気持ちに気づかなかった」、「友だちの気持ちに気づいた」、「気持ちをあらわす言葉がいえた」という三つの項目について、達成していればチェックを入れていきます。

次に、気持ちを表す状態が一〇種類あり、体験した感情に当てはまるものにチェックを入れます。

「いっしょうけんめいだった」は、何かに夢中になっている気持ちや熱心な気持ちを表現しています。「いっしょうけんめい」は、言うまでもなく、意識が集中している状態です。何かに夢中になっている、没頭しているという心の状態は「フロー」と呼ばれています［邦文文献43参照］。ポジティブ心理学者として有名なチクセントミハイ（Mihaly Csikszentmihalyi, 1934～2021）が理論づけたものです。

「フロー」とは、何かに没頭している状態のことですが、努力して、頑張って打ち込んでいるわけではありません。その状態で、楽しさや喜びを味わうという、充実した時間のことです。一〇五種類もの感情をリストアップしたウェブページの二〇番目に、「一心に」というものがあります。「一つのことに心を集中している様子」と説明されています。日本語では、これが一番フローに近い感情かもしれません。

「一心に」とは、誠実に打ち込む様子ということになりますが、そこに、楽しい姿や喜ぶ様子は、本質的には重要ではないようです。まずは、頑張っている様子が浮かんでくるからです。そこで評価されるのは、「いっしょうけんめいにすることがある」となります。感情としての「いっしょうけんめい」の場合、楽しんでいる感情としてはフローではないようです。そのため、リストには、「たのしかった」、「うれしかった」とともに挙げています。

自分や周りの人の感情に気づく、気づいた感情を言葉で表現するといった行為は「感情スキル」と呼ばれています。自分の感情を正確に表現するということがどうして大切なのでしょうか。感情とは、今、自分のなかで起こっている状態、意識、思考が現れた現象です。それに名前をつける、つまりラベリングは、自らの内面をはっきりと意識化する力となるからです〔邦文文献26参照〕。

内面をラベリングによって意識化すれば、自分に起こっていることをどのように扱うのかという「対応」につながります。この力は、「EQ」とか「EI」と呼ばれるものです。EQはIQに対応する言葉としてつくられたもので、日本語では「感情知能」と訳されています。一方、EIは、「Emotional《エオモーシャナル》 intelligence《インテリジェンス》」の略で「感情知性」と訳されています。

どちらも、感情を認識、制御、評価する能力のことで、ダニエル・ゴールマンの著書『EQ〜こころの知能指数』(土屋京子訳、講談社、一九九六年)において日本でもよく知られるようになりました。「気持ちのチェックリスト」に記入することで、感情知能を伸ばしてほしいという願いも含まれています。

生活チェックリスト

「生活チェックリスト」には五つの質問が掲載されています。「睡眠時間(五〜一二時間)」、「食事(あさ、ひる、よる、おやつ、やしょく)」、「水分補給(コップに三〜一〇杯)」、「運動時間(一〜三時間)」の四問には、当てはまる数や語句に「○《マル》」を付けていきます。書かれている数より、下もしくは上の場合も答えられるようになっています。

五問目は、「自分《じぶん》の得意《とくい》なことができたかな?」です。得意なこととして、「スポーツ・歌・ダンス・絵・おりがみ・おりょうり」などの例を示しています。「できた」か「できなかった」かのどちらかに「〇」を付けます。

睡眠、食事、水分補給、運動は、言うまでもなく、日々における生活の質を決める大きな要因となりますし、それが習慣化されると、人生そのものを形づくることになります。これまでも「大切なことだ」と認識されてきましたが、神経科学において分かった大切な理由を知ると、説得力が高まります。

たとえば、睡眠を十分にとらないと脳細胞が破壊され、認知機能や身体機能が低下します。食事は副交感神経を活性化させて休息を促しますし、水分補給が不十分だと交感神経が活性化して緊張感が高まります。そして、適度な運動は、長期的に心と体をリラックスさせるといった効果があります〔邦文文献23参照〕。

もっとも、神経科学の知見をもち出すまでもなく、得意としている活動をすることは自己肯定感や自己効力感の向上につながり、自らを肯定的に捉えるのに役立ちます。現在、「セルフ・エスティーム（self-esteem）」という言葉が「自己肯定感」や「自尊心」と訳されて、日本でもよく使われるようになっていることからもその重要性が分かると思います。

「自己肯定感」において、仮に変化をしても、ある程度一定している、ありのままの自分を「よい」と受け止める状態は「自己受容的自己評価」と言います〔英文文献58参照〕。一方、自分で自らをどのように評価するのかという意味においては似ていますが、ある状況において必要な行動をうまく遂行できると、自らの可能性（できる）を認知している状態を「自己効力感」と言います［英文文献4参照］。

自己肯定感は、ありのままの自分を「これでいい」と受け止めているのに対して、自己効力感は「自分はできる」という価値づけとなります。両方とも、勉強や仕事に影響すると言われています。周りからの働きかけも関係しますが、自分でつくりだせるのであれば、何か得意なことをして高めてほしいです。

リラックスチェックリスト

「リラックスチェックリスト」では、リラックスの三点セット、つまり「呼吸法」、「筋肉弛緩法」、「瞑想」に取り組んだかどうかについてチェックをしていきます。これらの方法について説明をしているシートを、取り組まれる教師に配布しています。そのほか、「おふろ　ゆっくりあったまる」、「のんびりリラックスできることをする」についても尋ねています。

リラックスできる活動として、「音楽をきく・絵をかく・友だちとはなす・好きな遊びをする・お気に入りの場所でゆっくりする」などを例として示しています。それぞれの設問に対して、できていたら各項目の前にある四角いエリア（□）に色を塗っていきます。

ストレスは、貧困や低栄養などといった困難な環境以上に、子どもの発達を左右すると言われています。私たちの脳は、ストレスに対応するために免疫力を強めたり、ストレスホルモンを分泌するといったネットワークをもっていますが、手に負えないくらいのレベルに達すると、このネットワークはうまく働きません〔邦文文献40参照〕。

リラックスするスキルをもち、それが実践できると、脳のネットワークの機能を高め、ストレスに対応することができます。リラックスの役割を理解し、方法を身につけておくと、子どものときだけでなく、その後の生活においても役立ちますので、将来にわたって大切になるスキルを習慣として使えるようになることが望ましいです。

最初に挙げた「呼吸法」については分かりやすいようです。ただ、分かりやすいために、独自の方法で取り組んでいる人が多いことでしょう。実際、インターネットではさまざまな呼吸法が紹介されていますし、多くの人が、自分に合っていると思う方法や、気に入った方法で行っているはずです。でも、それが「腹式呼吸」であるかどうかを確かめるための言葉がけが必要となります。

腹式呼吸は、気持ちをゆったりとさせます。怖かったり、あせっていたりするときには、早くて浅い呼吸になっています。脳は、早くて浅い呼吸を危険信号と理解し、体全体に気をつけるようにと指令を出すので、警戒モードに入ります。

もちろん、対戦モードになるときもあります。大量のエネルギーを消費して、対戦相手に集中しているため、ほかのことに注意を払ったり、気を配ったりすることが難しい状態となります。そのような場合でも、腹式呼吸によって落ち着きを取り戻すことができれば、脳は「危険は去った」と判断して、ゆっくりモードに切り替える指令を出します。

次の「筋肉弛緩」における効果も同じ理屈です。緊張している体は硬くなり、血流もよくありません。まずは筋肉を緊張させてから緩めるといった動きを繰り返すと、体はほぐれていきます。頭から首、肩から腕や手、脚からつま先までと、上から下に行うのがいいとされていますが、肩、手、脚と、部分的に行ってもいいでしょう。

三つ目の「瞑想」については、近年の研究で素晴らしい効果が分かっています。厚生労働省のホームページでは、次のように紹介していますので引用しておきます。


瞑想は数千年の歴史があり、多くの瞑想法は東洋の伝統・因習から始まっています。「瞑想」とは、心と体の統合に焦点を当て、心を落ち着かせ、健康全般を増進させるために行われるさまざまな実践技法のことを指します。瞑想には、呼吸、音、視覚イメージ、マントラ（繰り返される単語やフレーズ）など、特定の感覚に精神を集中させるものがあります。そのほかにも、判断することなく今この瞬間に注意を向け続けるマインドフルネスという実践技法があります。

二〇一二年に米国で行われた調査では、三万四五二五例の成人のうち一・九％が過去一二カ月間にマインドフルネス瞑想を実践したことがあると回答しています。マインドフルネス瞑想のみを実践している回答者のうち、七三％が「健康全般や病気予防のために瞑想している」と回答し、ほとんどの人（約九二％）が「リラックスやストレス軽減のために瞑想している」と回答しています。マインドフルネス瞑想を実践する理由としては、半数以上の回答で「より良い睡眠をとりたい」というものがありました。学校を拠点としたマインドフルネス・プログラムの効果に関する研究は、サンプルサイズが少なく、質もまちまちです。（厚生労働省『「統合医療」に係る 情報発信等推進事業』https://www.ejim.ncgg.go.jp/public/overseas/c02/07.html 参照。漢数字に変換しています）

どうやら、マインドフルネス瞑想がよく実践されているようです。今この瞬間に注意を向けるという瞑想方法です。私たちが悩んだり、落ち込んだりしているときは、大抵の場合、変更することのできない過去のことや、どうなるのか分からない未来のことに思いをめぐらせてしまうものです。要するに、目の間にある「今」には注意を払っていないということです。

一番やりやすいと私が思っている方法は、「数えながら呼吸する」という瞑想法です。腹式呼吸をしながら、何も考えず数えていきます。何か思い浮かんだら、また最初から数え直します。さまざまな方法が紹介されていますので、気に入った瞑想法を試してください。

学校における瞑想の実践においては、まだ十分なエビデンスが出ていないと厚生労働省の説明にありますが、海外でも日本でも、学校や学級における取り組みに関する論文や書籍がたくさん出ています。実際、私が参加した中学校でのトライアルでも効果が確認できました［英文文献39参照］。

三つのチェックリストについて、それぞれ目的と役割を説明してきました。さらに述べると、この三つが合わさって働くもう一つの大切な役割があります。実は、三つのチェックリストに基づいて生活を振り返ると、「感謝」に気づく力が伸びるというのです。

『「感謝」の心理学——心理学者が進める「感謝する自分」を育む21日間プログラム』（ロバート・A・エモンズ／中村浩史訳、産業能率大学出版部、二〇二一年）という本を読むと、「具体性」、「意外性」、「希少性」がキーポイントとして挙げられています。「WEダイアリー」を書くために、子どもたちにその日を振り返ってもらうとき、「何が、誰が、いつ、どこで、何が」など、できるだけ具体的な振り返りがあるとより多くの「ありがとう」が見つけられるはずです。

そして、意外なこと、つまり思いがけないことや驚いたことも感謝の対象になりやすいものです。たとえば、職場に行くために通る道で散歩中の犬に出会いました。かわいい犬にほっこりして、「ラッキーな日のはじまり」と感じることもあるでしょう。私たち人間は、予想できないものに強く反応し、感情が動いてしまうものなのです。

希少性については、少し説明が必要でしょう。もし、みんなが持っていないゲームを自分は持っている、みんなにはできない体験が自分にはできた、ということでもあれば感謝するでしょう。でも、『「感謝」の心理学』の著者は次のような例を挙げています。

一緒に楽しく遊んでいた友だちがもうすぐ遠い町に引っ越してしまう、という状況に対する感謝です。ずーっと続かないと思うと、その時間は稀な価値をもつことになります。二度と会えないかもしれない友だちが今ここにいるというありがたさは、言うまでもなく希少性を含有しています。

この例を読んで、「一期一会」という言葉を思い出しました。「一生に一度かぎりであること」の大切さに思いを馳せるのは、私たちの文化でもあります。それゆえ、希少性に気づくと、いつも同じようにそこにある、いてくれる、というありがたさに対してより敏感になるのです。

この三つのキーポイントを使えば、「ありがとう」を探す能力を高めることができます。それらを見つけるための手助けとなるチェックリストは、健康につながる生活意識を子どもにもってもらいたいという願いを込めて「WEダイアリー」に追加したのです。と同時に、子どもたちがいろいろな視点から「ありがとう」を探す手伝いをしています。

4 WEダイアリーの学校での取り組み方

ここでは、学校でWEダイアリーに取り組む場合について紹介していきます。先に述べますが、学校以外の場で取り組まれる場合にも参考になるところがあります。基本的に、WEダイアリーの取り組みは自由度が高いものとなっていますので、実施の仕方において多くの決まりがあるわけではありません。ここで述べることは、「このようにしなければならない」ということではなく、「このようにすると、より大きな効果が期待できる」というものです。

子どもたちへの説明

教室で取り組んでもらったときには、次の例のように、教師から子どもたちに説明してもらっています。

――楽しい生活に役立つ力をつけるために、「ありがとう」を見つける活動をしてもらいます。

この活動は、「ありがとう」と思うことや自分の気持ち、楽しかったことや楽しみなことを記録する、日記をつけるという活動です。その日記は「WEダイアリー」と言います。

今から一人一冊「WEダイアリー」を配ります。配られたら、その冊子はみなさんのものになりますので、まず自分の名前を書いてください。

表紙を開いて、最初のページを見てみましょう。書き方の例が書いてありますね。一番上は「ありがとう」を書くところです。「〇〇へありがとう」のところは、人でも、モノでも、出来事でもなんでもいいです。「ありがとう」と思うものの名前を書いてください。そして、どうして「ありがとう」と思うのかの理由を、右側の四角の中に書いてください。

次に、パンダのいろいろな表情が並んでいますね。書いているときの自分の気持ちに近い表情のパンダに丸をつけたり、色を塗ったりしてください。二つの気持ちがあるときは、二つに丸をつけてもいいですよ。もちろん、三つでもいいです。

その下は、楽しかったこと、楽しみなことを書くところです。書くときに思い出した楽しかったことや楽しみに思うことを書いてください。なんでもいいですよ。

最後に、右下の「サイン」のところに自分の素敵なサインをしてください。文字でも絵でもかまいません。

書き方にルールはありませんし、これはテストではありませんので、先生が〇や×をつけたり、点数をつけたりすることもありません。好きなように書いていいです。もし、書きたくないときは無理に書く必要はありません。でも、できるだけ毎日書いてくれるといいなと思います。

このほか、「気持ちのチェックリスト」、「生活チェックリスト」、「リラックスチェックリスト」も入っています。そのチェックリストは、一週間に一回くらいチェックをするものです。書き方やチェックの仕方が分からないなーと思うときは、いつでも先生に相談してください。

このような説明に加えて、以下で述べるような、取り組む時間や確認の方法についての説明をしていただくとよいでしょう。もちろん、対象の年齢に応じて、もう少し丁寧な説明になったり、もう少し簡単な説明になったりすることもあるでしょう。大事なことは、子どもたちに楽しんで取り組んでもらうことです。

取り組む時間

学校で取り組む場合には、学校の時間内で取り組むか、宿題として家庭で取り組んでもらうのかという二つの選択肢があります。学校にとって、または子どもたちにとって都合のよいほうを選択してください。学校で取り組む場合には、一定の時間、確実に感謝の対象について考える時間が確保できるというメリットがあり、家庭で取り組む場合は、保護者の方にもこの取り組みを理解してもらい、会話のきっかけにしてもらえるというメリットがあります。

なお、学校で取り組む場合でも、大きく分けて、「朝に取り組む」のか「下校前に取り組む」のかという選択肢があります。朝に取り組む場合のメリットとしては、朝から感謝の対象に意識を向けることで、ポジティブな気分で一日がスタートできるということが挙げられます。もっとも、昨日のことを忘れてしまっているというデメリットもありますが……。

下校前の「終わりの会」で取り組む場合は、一日の出来事の記憶が新鮮なうちに記録できるというメリットと、ポジティブな気持ちで一日を締めくくれるというメリットが考えられます。

もちろん、一日の途中の時間や、各学校で設けられているスキルアップなどの時間に実施することも可能です。なお、複数のクラスで取り組む場合には、時間などを統一する必要はありません。基本的には、各学校、各クラスとも、都合のよい時間に、無理のない形で実施されるのがよいでしょう。

参考までに述べると、二〇二二年に行った学校でのWEダイアリーの実践では、子どもたちは「終わりの会」の時間にその日を振り返って、記入をしてくれました。一方、学校外の地域で行った実践では、各自が宿題のような形をとりましたが、夜の夕食後から就寝前に記入する子どもが多かったようです。

「いつ」記入するのが効果的なのかについては、これからの研究においてはっきりしてくるでしょうが、クラスによって、個人によって異なってくると考えられます。

一日分の記入にどれくらいの時間がかかるのかというと、子どもによって大きく異なります。速く書けても、時間がかかってもいいのですが、時間がかかりすぎる場合には支援が必要になるかもしれません。

たとえば、正しことを書かないといけないと考えたり、書いたことを誰かに評価されるのではないかと心配して時間がかかってしまう場合があります。そういう場合は、「日記なので、自分の思ったことを書けばいいですよ」といったアドバイスをしてください。

内容の確認

子どもたちがどのようなことを書いているのかを確認し、コメントを返すなどの対応についても、学校やクラスの都合に合わせて対応してください。毎日、全員に対してコメントを返すとなると教師の負担が大きくなると思いますので、可能な範囲で実施してください。

毎日回収してもいいですし、週末に回収するという方法もあります。また、回収したあとにスタンプだけを押すという方法もあります。ただ、配布してから八週間まったくフォローしないでいると、取り組みが途絶えてしまったり、冊子の紛失という懸念が生じます。そのため、少なくとも週に一回は回収することをおすすします。

なお、教師が確認することで、内容の良し悪しを判断されるのではないかと気にする子どもがいますので、最初の説明の際、「どのようなことを書いてもよい」と強調しておくことが大事です。また、書いてはいるものの、「先生には見せたくない」という子どももいます。そのような場合は、無理に回収したり、見せてもらう必要はありません。継続的に取り組んでいることを確認したら、ほめるだけでよいでしょう。

その他

書くことが嫌いな子どもや、このような取り組みが性に合わないという子どももいるでしょう。それらの子どもに対して、強制する必要はありません。とはいえ、「書けるといいね」とか「何か気づいたことがあったら書いてみてね」と軽く促していると、取り組みはじめる子どももいますので、長期的な視野に立って観察をしてください。

子どもたちから取り組みに対する質問があった場合は、ここに書いたようなことを参考にして説明してください。もし、これら以外の光景に出合ったならば、基本的には「**自分の思うとおりに書いたらいいよ**」とお伝えください。なお、第6章で小学校と幼稚園で行った実践風景を紹介しておりますので、そちらも参照してください。

5　子どもの記述例――地域設定より②

感謝の対象と内容

Aさん　きらきらルームへありがとう――今までべんきょうをおしえてくれたり、たのしいレッスンありがとうございました。たのしかったです。

Bさん　たなばたへありがとう――今年もいいことがいっぱいありますように。

Cさん　全校のみんなへありがとう――今度の火曜日、二〇分休みと昼休みに金冠の　ミニコンサートがあります！　クラスでだれが来てくれるかアンケートをとるとけっこうの人が来ると言っていました！　ありがとう♡

たのしかったこと・たのしみなこと

Dさん　横が友だちで、うれしかった！

Eさん　犬のおたんじょうびで、私があげたひも

子どもが書いたもの

のおもちゃでたのしそうにあそんでくれたこと、犬におたんじょうびの歌をうたうのが楽しかった。

Fさん　きらきらルームの先生といっしょにべんきょうをしたのがたのしかった。またルームに行くのがたのしみ。

Gさん　次は私のたん生日♪↑まだまだとおい。いわってもらうのが楽しみです！

子どもたちは、毎日の生活に「ありがとう」を見つけて書いてくれました。友だちや家族、教師との交流で見つけた感謝が多かったように思います。そんななかでも、ここに挙げた「きらきらルーム」、「たなばた」、「全校」に対する感謝のように、感謝を感じた場面や出来事の記入が増えていくといった傾向が見られました。感謝の対象が広がったとも説明できますが、「感謝を育てた」結果、いろいろな対象に感謝を見いだしていったとも言えます。

八週間という期間に記入してもらったわけですが、二冊目や三冊目に入った子どもがいました。記入を継続する動機づけを目的として、記入したページにはパンダのスタンプを押しています。驚いたことに、「今日は何を書こうかなと考えるのが楽しかった」という子どもの振り返りが

（2）　子ども対象の心理プログラムを行う場合、学校や園で行う「学校設定」と「地域に広く参加を呼びかけて行う「地域設定」があります。このときの研究では、大学で行う学習支援教室と学童に参加を呼びかけました。

ありました。これからは、毎日の生活を積極的に振り返る姿勢がうかがわれました。

さらに驚いたことに、「テストに感謝した」という例がありました。よい点数を取れたテストに「ありがとう」を言っていたのです。よい点数を取ったのは自分です。自分の努力や力に感謝するのではなく、テストに感謝するというのは、個性によるものなのか、発達段階によるものなのかと興味深く感じました。いずれにしろ、どれも子どもらしい感謝の気持ちが記録されていたと言えます。

多くの子どもがさまざまな対象に感謝を見つけて記入していたわけですが、「モノ」に対する感謝ばかりの記入もありました。一例として「お月さま」を挙げていたせいか、「太陽」や「月」が多く出てきました。

「Aちゃんは、お友だちやお家の人に『ありがとう』を書いているよ」と、何気なく視点を変える声掛けをしましたが、変化はありませんでした。生活のなかで、身近な人に「ありがとう」を見つけにくいのかなと考えると、社会的にもよい状態であるウェルビーイングの向上の難しさを感じてしまいます。

確かに、身体的にも、心理的にも、社会的にも、よい状態になる支援をしていく必要があります。それでも、自らがウェルビーイングを高める力は大切です。WEダイアリーの取り組みを通して、自分を大切にして、周りの人とつながる力が育ってほしいと改めて思いました。

第2章

「WEダイアリー」を必要とする背景

幸福度第１位のオランダの風景

1 日本の子どもたちの現状

第1章では、ＷＥダイアリーがどのようなものなのかについて紹介してきました。これに取り組むことで、子どもたちにどのようなよいことがあるのでしょうか。詳しい内容は第3章以降で説明しますが、ＷＥダイアリーに取り組むことで期待されるのは、「幸福感を高め」、「メンタルヘルスの問題が予防できる」ことにあります。

なぜ、私たちがＷＥダイアリーの取り組みをはじめようと思ったのか、ＷＥダイアリーの取り組みによってどのような課題を解決しようと考えているのか、これらの点については「まえがき」でも触れていますが、より詳しく説明するために、ここでは、日本の子どもたちの現状について見ていくことにします。

ここ数年、ニュース報道などでも取り上げられることが多くなったように「不登校」とされる子どもたちがどんどん増えています。不登校とは、病気や経済的な理由以外の理由で、学校を欠席する日が三〇日以上ある小学生、中学生、高校生の状態を指します。

二〇一二年以降、この不登校に該当する児童生徒の割合が上昇し続けています。二〇二二年には小学生の一・七パーセント、中学生の六・〇パーセント、高校生の二・〇パーセントが不登校となっています［邦文文献51参照］。

不登校の子どもたちは、友人や教員との関係に悩んでいたり、理由がはっきりとしない腹痛や頭痛などの身体症状があったり、朝起きることが困難な状態が続いていたり、これらやほかの理由が組み合わさっていたりすることで、学校に登校することができないという状態にあります。

このような身体症状や朝起きることの困難さの背景には、別の理由があることも少なくありません。自分で学校に行けない理由が分かっている子どももいれば、なぜかは分からないが学校に行けないという子どももいます。ただし、分かっているといっても、本人が説明する理由が唯一の真実であるというわけではない場合が多いです。

また、病気を理由とする長期欠席（三〇日以上の欠席）や、その他の理由とされる長期欠席者も増えており、実際には、このなかにも不登校という分類にあてはまるであろう子どもたちが相当数含まれていると考えられます。

不登校を含む長期欠席全体では、小学生の二五人に一人（四・一パーセント）、中学生の一二人に一人（八・一パーセント）、高校生の三一人に一人（三・二パーセント）が該当します。つまり、小学校、高等学校では、クラスに一～二人、中学生ではクラスに三人程度は長期欠席の生徒がいるということです［邦文文献52参照］。

三〇日以上学校には行っていなくても、教育支援センター（適応指導教室）やフリースクールなどに通っていて、それらが「出席扱い」となることで、不登校の定義から外れている子どもたちもいます。さらには、学校に行っていたとしても教室に入れなかったり、教室に入っていたとしても学校にいることを苦痛に感じている子どもたちも少なくないことが示されています〔邦文文献32・邦文文献9参照〕。

これらをふまえると、少なくとも一〇人に一人程度は学校に行くことを「苦痛」に感じていることになります。しかしながら、「不登校が増えていることは問題である」とは言えないかもしれません。現状の学校に合わない子どもたちが「学校に行かない」という選択をすることが容易になったからです。

かつては、学校に行かないことは問題であり、あくまでも学校に戻るための支援を行うという姿勢であった文部科学省も、近年では学校以外の学びの場で過ごすことも必要であり、有効であるという見解を示すようになりました〔邦文文献48参照〕。また、保護者も、学校に行かないことに対して、かつてよりは許容的になっていると言われています。

とはいえ、現状の日本では、学校以外の教育支援センターやフリースクールに通ったり、家庭で学習するといった選択肢を取るのは決して容易ではありません。また、それによって学校に通う場合と同じだけの学びを得ることは非常に困難であるとも言えます。さらに、文部科学省や保護者が学校を休むことに対して許容的になったとはいえ、学校に行けない子どもたちのほとんどは、そのことで思い悩み、将来に不安を感じ、つらい思いをしているという状況があります〔邦文文献34参照〕。

「いじめ」の問題も深刻であると言われます。「いじめ」は定義があいまいで、その数の把握は難しいものです。文部科学省における「いじめ」の認知率調査〔邦文文献51・52参照〕では、この一〇年ほどほぼ毎年「過去最高値」の更新を続けていますが、この数値は非常に疑わしいものとなっています。

これまでに、いじめの定義や調査範囲の変更がされてきましたし、「些細な行為も見逃さないように」ということが強調されることで、「いじめ」として認知される範囲も大きく拡がってきたからです。実際に国立教育政策研究所が、二〇一〇年から二〇一八年にかけて「暴力」や「悪口」、「仲間外れ」といった具体的な被害を受けたかどうかを継続的に調査したところ、小学校では減少傾向であり、中学校では大きな増減が見られませんでした〔邦文文献16参照〕。

ただ、いじめ匿名連絡サイトによる統計では、「いじめ」に関する悩みをもつ子どもが一定数いることが明らかなので〔邦文文献1参照〕、取り組むべき課題であることはまちがいありません。

家庭背景に課題があって、さまざまな困難に直面している子どもたちもたくさんいます。二〇二一年時点で、一人親家庭は子どものいる世帯全体の一二・五パーセントとなっていますが（いずれも、一八歳未満の子どもについて／母子、父子以外の同居者がいる家庭を含む）〔邦文文献12

参照〕、一人親家庭の貧困率は極めて高く、四四・五パーセントとなっています（ここでの一人親家庭は、大人が一人の世帯）〔邦文文献13参照〕。

貧困の状態にある場合、金銭的な苦労があるだけではなく、親と過ごす時間が少なくなっていたり、本来大人が担うべき家事などの役割を子どもが担うことになってしまったりすることでウェルビーイングの低下につながる場合があります。近年、後者は「ヤングケアラー」として注目を集めています。

また、貧困の状態にある場合、さまざまな学校外での生活体験が乏しくなってしまったり、将来への展望がもちにくいために、学習に意欲がもてず、ゲームばかりをしている生活になるという懸念もあります。

なお、一人親家庭の貧困率について、ＯＥＣＤの平均は三一・九パーセントですが、日本はそれよりも大幅に高い数値となっています〔英文文献58参照〕。また、貧困の状態ではなくとも、保護者がさまざまな理由で十分に子どものケアができない場合、学習に向き合えなかったり、寂しさを抱えていたり、ウェルビーイングの低い状態につながることがあります。

このようななかで、「まえがき」でも触れているように、ユニセフが公表している子どもの幸福度において、日本は三八か国中二〇位となっています〔邦文文献56参照〕。とくに、生活満足度（一五歳）においては三三か国中三二位という結果になっています。とはいえ、幸福感の国際比較は容易ではありません。日本の文化で育った人は、アンケート調査に対して中庸の回答をしやすいことが示されており〔英文文献14参照〕、実態よりも幸福感が低く示されている可能性があるからです。

幸福感のアンケート調査では、地域によって回答の分布の違い（中間が多いか、低い・高いに分かれるか、均一に分布するかなど）があることも示されているので〔邦文文献22参照〕、単純に順位を比較することには慎重さが要求されます。

一方、一〇～一九歳の自殺死亡率はＧ７のなかで日本がもっとも高く、一五～一九歳の自殺死亡率では、一八三か国中四四番目に高い値となっています〔英文文献83参照〕。なお、日本では一〇～三九歳の死因の第一位が自殺であり、不慮の事故や病気で亡くなる人よりも高い割合となっています〔邦文文献14参照〕。これらのことから、幸福感の低さにはアンケートへの回答傾向の影響もあると考えられるものの、実際に日本の若者が幸福であるとは言えないと考えられます。

2 日本における学校教員の現状

学校では、上記のようなさまざまな子どもたちの問題に対応することが期待されている一方で、近年では教員の多忙さに注目が集まっています。実際に、ベネッセの調査〔邦文文献38〕では、一九九八年から現在公表されている最新のデータである二〇一六年まで、小中高のいずれの教員も学校での滞在時間が伸び続けていると示されており、二〇一六年の時点では、小学校教員が一二時間弱、中学校教員が一二時間半、高校教員が一一時間半となっています。

それ以降はどうでしょうか。日教組の二〇一八年から二〇二三年までの調査〔邦文文献30〕では、やや減少している様子が見られるものの、六年間で最大三〇分程度の減少という微減にとどまっており、しかも一部の校種では、新型コロナ禍が明けるにともなって再び増加している様子も見られます。

このことから、二〇二三年においても、自宅での持ち帰り仕事や休日の校内外での仕事を加味して月の残業時間を計算すると、「過労死ライン」の八〇時間を大きく超えていることが分かっています（中学校で一一六時間二八分）。

なお、他国と比較した場合でも、日本の教員の勤務時間が圧倒的に長いことが分かっています〔邦文文献42参照〕。近年では、「チーム学校」という名のもと、教員以外の学校スタッフが増えつつありますが、そもそも日本の学校は、他国と比較して教員以外の専門スタッフが少ないことが指摘されています〔邦文文献47参照〕。

日本では、放課後や長期休業中の生徒指導から校舎の修繕や学校敷地内の樹木の剪定まで教員が担っている場合があるため、勤務時間が長くなってしまいます。また、新型コロナウイルスが流行した、新しくタブレット端末を導入する、などといった事態の際、それにともなう人材を新たに雇用せずに、すでにいる教員に担わせるため、「働き方改革」と言われる一方で、勤務時間の減少はほとんど見られないといった状況となっています。さらに、このような過酷な勤務の一方で、公立学校の教員には残業代が支払われないため、「定額働かせ放題」とも言われています。

公立学校のもう一つの大きな課題として、学校現場における非正規雇用教員（臨時的任用教員／講師）の割合が上昇を続けているということが挙げられます［邦文文献19参照］。文部科学省の調査では、小中高で教員の一割強、特別支援学校で二割弱の教員が非正規雇用教員であることが示されています［邦文文献49参照］。

非正規雇用の教員は、正規雇用の教員と同じく学級担任を受け持ったり、部活動の顧問を担当したり、校務分掌を担ったりする一方で、正規雇用の教員とは異なって研修を受ける機会が提供されず、一年で退職となります。近年、教員不足が話題になっており、学級担任が見つからないなどといった報道も見られますが、それらはこの非正規雇用の教員が見つからないということを意味しています。

報道などでこのような過酷な働き方が明らかになり、教員を目指す人が減り続けているという状況もあります。教員を目指す人が減り続けている一方で、比較的数の多い世代の退職や特別支援学級数の増加によって、必要とされる教員数が増加しているため、教員採用試験の倍率は低下を続けています。合格者が増えることで、従来は教員採用試験に合格できなかった人の受け皿となっていた非正規雇用教員のなり手が減少する一方で、産休・育休取得者の増加、病気休職者の増加によって必要とされる非正規雇用教員が増えているため、非正規雇用教員が見つからないという事態となります。

非正規雇用教員が見つからない場合、不足した教員数のまま学校運営を行わざるを得ず、その結果として、教員の多忙さに拍車がかかることになります。そして、教員を目指す人が減少するという悪循環が起きているのが、現在の日本の学校なのです。

3 日本の学校における対策

ここで述べたことをあわせて考えると、日本の子どもたちが多くの問題を抱えている現状において、それらへの対応が求められる学校教員も多くの問題を抱えており、学校において、子どもたちの抱える問題に対応することが非常に困難であるということが分かります。もちろん、学校や文部科学省は何も対応をしてこなかったわけではありませんが、これまでは事後対応のものが多く、それぞれの問題に共通する背景にアプローチし、問題を予防しようとするといった対応はあまりされてきませんでした。

たとえば、不登校に対して教育支援センター（適応指導教室）を整備し、多様な進路を容認する姿勢を示したとしても、そもそも不登校になる子どもの数を減らすことはできません。スクールカウンセラーやスクールソーシャルワーカーを配置し、相談機能を充実させたとしても、さまざまな悩みを抱える子どもたちを減らすことはできません。

とはいえ、予防的な対応がまったくないわけではありません。いじめ予防のために、各自治体や学校が「いじめ防止基本方針」を定めることを求めたり、子どもの自殺予防のために「教師が知っておきたい子供の自殺予防」［邦文文献46］というマニュアルが作成されたりもしています。そのほか、不登校対策としてまとめられた「ＣＯＣＯＬＯプラン」［邦文文献53］においても、予防的な対応が掲げられています。

しかしながら、やはりこれらは個別の問題に対するアプローチであって、共通する背景にアプローチし、予防するといった対応ではありません。

二〇二二年一二月に改訂版が公表された「生徒指導提要」（学校で教師が行う生徒指導についての指針）［邦文文献51］では、予防的な対応の重要性が強調されていますので、今後は共通する背景を見据えた予防的な対応が期待されますが、現状では、どのような対応をすればよいのか、学校や教育委員会は「手探り状態である」と言えます。

4 日本の学校における選択肢の乏しさ

子どもたちが抱えるさまざまな問題に対してさらに言えば、予防的な対応を含む十分な対応ができていないだけでなく、現在の日本の学校が子どもたちのさまざまな問題を生み出しているという面もあります。端的に言えば、子どもたちの多様性が拡がっている現状に、学校が対応できていないことによって問題が生じている、という状況があります。

子どもたちの多様性の拡がりをより詳しく言えば、「多様性の顕在化」と「多様性の拡がり」に分けることができます。多様性の顕在化とは、これまでもあったが、あまり目を向けられることがなかった子どもたちの多様性に注意が向けられるようになってきたということです。

具体的には、発達障害などが知られるようになったり、特別支援教育が浸透したりすることによって、発達障害につながる特性をもつ子どもに目を向けられるようになってきたこと、性指向、性自認、性表現などといった性的な多様性が知られるようになったことで、マジョリティとは異なる特性をもつ子どもに目が向けられるようになってきたこと、「児童虐待」や「ヤングケアラー」という言葉が知られるようになったことで、そのような家庭環境にある子どもに目が向けられるようになってきたことなどが挙げられます。

これらは、これまでにもあったものですが、あまり顧みられていなかった多様性です。

一方、多様性の拡がりとは、海外からの移住者や海外にルーツをもつ子どもが増えていること、それにともなって、さまざまな文化的背景、言語的背景、宗教的背景をもつ子どもが増えていること、また、家族構成や保護者の職業、家庭の経済力などの多様化、子どもたちが目指す人生、これから生きていく人生の多様化といったことが挙げられます。

これらは、実際に多様性が拡がっている部分です。

たとえば、川で暮らす魚、暖かい海で暮らす魚、寒い海で暮らす魚、深海に暮らす魚を一つの水槽に入れた場合、多くの魚、またはすべての魚が死んでしまうでしょう。多くの多様性をもっている子どもたちを一つの教室に一日中いさせ、多くの制約のなかで生活させ、選択肢に乏しい学習方法で学習させるというのは、これと同じ状態となります。

このため、当然ながら、子どもたちにはさまざまな形の不適応が生じます。適応とは、個体（この場合は子どもたち）と環境（この場合は学校や学級）が合うということですので、さまざまな魚が一つの水槽に適応する（合う）ことがないのと同じく、子どもたちが一つの学級環境、学習方法に合うことはあり得ません。不適応が生じるのは当然の結果と言えます。

では、どうすればよいのでしょうか。多様な子どもたちを一つの環境に押し込むのではなく、選択肢を設ければ不適応は減ることになります。魚でも、もし環境の多様性があれば、暗い環境を好む魚は暗い環境へ、明るい環境を好む魚は明るい環境を選択するでしょう。選択肢があれば、それぞれの特性、環境、嗜好などに合った環境を選ぶことができますし、不適応に陥る可能性は減らせます。

選択肢を設けるということは、子どもたちの特性、環境、嗜好などに応じて一人ひとりにオーダーメイドの環境を用意してあげるということではありません。時にはそのような対応も必要となりますが、常にオーダーメイドの環境を用意していては、支援者の労力が非常に大きくなってしまいますし、子どもたち自身が自分に合った環境を選ぶ力を養うこともできません。

とはいえ、日本の学校では「非常に選択肢が乏しい」という現状があります。学校以外の選択肢がかなり容認されるようになってきたとはいえ、それでもまだまだ「学校」以外で学ぶという選択肢は充実していません。また、生まれ年によって決められた集団で学年が上がっていくことが一般的であるため、学ぶスピードを選ぶこともできません。

さらに、筆記用具やノートまで指定されていて、自由に選べないことがあります。学校のない日であっても、「何時までは家にいて、勉強をしましょう」などと指定されていることもあって、先に遊ぶか勉強をするか、といった選択肢すら用意されていません。

多くの中学校や高等学校では服装が選べず、靴やカバンに至るまで選べないところがあります。タイツを履くことが禁止されていて、寒いときの防寒対策においても選べないことがありますし、髪型や髪の色についても、多くの中学校や高校では選べません。

部活動に入る、入らないという選択肢がない場合もあります。登下校中にどの道を選ぶか、何をするのかということにも選択肢はありません。さらに、持ち物が制限されているため、休み時間に息抜きをする方法についてもあまり選択肢がありません。そして、学習方法においても一律のやり方で授業が進められており、一律の宿題が出されるため、特性に応じた学習方法を選ぶことができない場合があります。

近年では、このような選択肢を縛る学校の決まりが「ブラック校則」という言葉で呼ばれ、問題視されるようになってきています。これによって徐々に制限が緩くなってきた部分もありますが、まだまだ選択肢が乏しいというのが現状でしょう。

5　選択する力

このような選択肢の乏しさは、学校だけに責任があるわけではありません。保護者や地域、時には学校の卒業生が制限を緩めることに反対する場合があります。また、先述したような過酷な労働環境では、子どもたちを強く統制しなければ管理できないという面もあります。水草も岩場もない水槽であればすべてが見渡せるので、どの魚がどこにいるのかが管理しやすいということです。

さらにいえば、このような教育方法は、均質な工場労働者を養成するという意味においては合理的であったという歴史的な背景があります。かつての工場労働では、同じ時間に同じ場所に集合し、指示されたとおりに働くことが重要となっていました。このようにして養成された均一な人材によって高度経済成長を経験した日本は、そのやり方から抜け出すことができていません。いまだに、多くの企業が新卒一括採用をし、同じようなリクルートスーツに身を包んだ就活生を歓迎するという日本では、社会全体が、このような選択肢の乏しい教育を求め続けている、とも言えます。

しかしながら、均一な人材によって経済成長を達成したというのは、人口がどんどん増加するという時代背景があってのものでした。このやり方が通用せず、日本では「失われた三〇年」を経験することとなりました。つまり、学校の選択肢の乏しさは、多くの不適応の子どもを生み出すだけではなく、今の時代やこれからの時代に必要とされる人材の育成につながっていないという問題をはらんでいるのです。

一方、欧米では、制約の少ない、選択肢が多い教育を行ってきました。選択肢が多いということは、選択する機会が多いということになります。選択する機会が多ければ、当然ながら、その選択による失敗も経験することになるでしょう。選択肢のある教育のなかでは、失敗したり、成功したりしながら、徐々に選択が上手になっていきます。逆にいえば、選択肢のない教育のなかでは「選択する力」が育まれる機会は得られないということです。

学校を卒業したあとは、今日のお昼ご飯はどうするのかといった小さなことから、どうやって働くのか、どのような人生を送るのかといった大きなことまで、社会では選択することばかりです。選択する力が育まれていない日本の人たちは、そこでも苦労することになりかねませんし、用意されていない選択肢を自ら生み出し、イノベーションを起こすといったことも得意ではないと思われます。

6　現状への対応策として

これらのことから、本章の冒頭で述べた子どもたちの抱える問題に対する、一つの対応策を導き出すことができます。教育に選択肢を設け、子どもたちの不適応を予防すると同時に、選択する力を育むということです。

これにはいくつかの方法があります。まずは過剰な制約を緩めることも重要でしょうし、文字どおり、学習の際に、その方法に選択肢を設けるという対応も考えられます。これらは本書の趣旨とずれてしまうため詳述しませんが、学びのユニバーサルデザイン（ＵＤＬ）の方法が参考になりますし、「イエナプラン」(1)などのオルタナティブ教育から取り入れられるものもたくさんあります。

これらへの対応は非常に重要ですし、今後の社会で必要とされる力を育てるうえにおいては必須とも言えます。しかしながら、今回私たちは、子どもたちの抱える問題への対応策として、これらとは異なる方法を選びました。それが「SEL(Social and Emotional Learning)」であり、「**WEダイアリー**」なのです。

SELについては、のちの章で詳しく紹介しますが、感情マネジメントの力や他者とのコミュニケーション力、そして自らの意思決定の力を養う教育プログラム、教育カリキュラムの総称と言うことができます。

これらの力を養うことは、日本の子どもたちが抱えるさまざまな問題に共通する背景にアプローチすることにもなります。もちろん、家庭背景や学校環境に問題がある場合は、それらの改善が優先されますが、イライラや不安感、そしてストレスへの対応が上手になれば、多くの問題を改善することにつながると期待されますし、実際にその効果は証明されてもいます。

加えてSELは、「自ら行動の選択肢を生み出す力を育てる」とも言えます。たとえば、不安な気持ちになったとき、その気持ちを認識し、どのように対応するのか、友だちからの依頼を断りたいときにどのように対応するのか、友だちがそっけない対応だったときにどのように考えるのか、また、どのように対応するのかといったことについて、ＳＥＬでは、ただ感情のままに反応するのではなく、いくつかの選択肢を考え、そのなかにおいて適切な行動が取れるような力を養っていくことになります。

次章以降で、私たちが選んだ「**ＳＥＬ**」と「**ＷＥダイアリー**」の効果についてより詳しく見ていきます。

（1）ドイツで発祥し、オランダで発展した教育コンセプトであり、個々のペースで学習を進める一方で、他者とのフラットな対話やつながりを重視するなどの特徴がある。

第3章

ウェルビーイング（Well-Being）

フロイトの国の子ども向け「ウェルビーイング支援日記」

1 ウェルビーイングの大切さ

「ウェルビーイング」という言葉を、最近よく耳にされることでしょう。「ウェル（well）」は「よい」、「ビーイング（being）」は「〜である」となりますから、「よい状態である」という意味になります。私たちの日々の生活が、厚生面（健康で豊かな生活）、福祉面（生活の安心や充足）、そして「幸福な気持ち」が整うことで「よい状態」となります。

世界保健機構（WHO）は、ウェルビーイングを「個人や社会のよい状態。健康と同じように日常生活の一要素であり、社会的、経済的、環境的な状況によって決定される」〔英文文献82参照〕としています。一方、厚生労働省は、「個人の権利や自己実現が保障され、身体的、精神的、社会的に良好な状態にあることを意味する概念」〔邦文文献10参照〕としています。でも、人によって「良好な状態」、つまり「よい状態」のとらえ方は大きく違います。

心理学では、「ウェルビーイング（よい状態）」を大きく二つに分けて説明しています。一つは、その時々のよい状態で味わう満足感や幸福感など、また、そのときに味わう快楽的な気持ちのよさである「ヘドニックなウェルビーイング」とか「主観的ウェルビーイング」と呼ばれるものです。もう一つは、自己実現や目標達成などのように、価値ある行いによって得られる

「ユーダイモニックなウェルビーイング」とか「心理的ウェルビーイング」と呼ばれるものです〔英文文献36参照〕。

何となく理解できるような感じがしてしまいますが、この二つの違いについては説明しにくいものです。ある研究者らによると、「これら二つは、ほぼ同じであると考えてもよい」ということです〔英文文献22参照〕。

最近の心理学では、ウェルビーイングを次のように説明しているものもあります。

意志や勇気、挑戦意欲という前向きな生き方を維持する中で獲得するもので、喜びや楽しみなどのポジティブな感情的評価、生きる意義や健康状態などに対する認知的評価に裏打ちされた人生の満足感、充実感を持続的に維持し、発展させている状態。〔邦文文献29参照〕

このとらえ方は教育的ですので、子どもたちや保護者のみなさんに説明しやすいものかと思います。でも、このように考えると、前向きな生き方が難しい人におけるウェルビーイングの向上こそが課題となります。

もちろん、課題はほかにもあります。ＷＨＯと厚労省のウェルビーイングでは、「社会的、経済的、環境的な状況がいいこと」となっています。これに異議を唱えるつもりはありませんが、私たちが取り組もうとしているのは、学校・園、あるいはクラスにおける心理的な支援による子どものウェルビーイングの向上です。要するに、子どもたちが前向きに人と接する、意欲的に課題に取り組むといったことなどが可能となるマインドセット（心理状態）を育てる支援となります。

しかし、病気の治癒や貧困からの脱却につながるような支援ではないのにウェルビーイングの支援になるのだろうか、という疑念をもたれることでしょう。また、学校で行うためには、教育活動として取り組むことが求められますので、学び、練習をすることでウェルビーイングが向上するという理論が成立するのか、ということも課題になります。

ウェルビーイングを、「スキルのセット」と定義している神経心理学者がいます〔英文文献20参照〕。また、近年の神経や脳の研究から考えると、「レジリエンス（回復力）」、「アウトルック（見通す力）」、「アテンション（注意力）」、「ジェネロシティ（寛容力）」という四つの要素からウェルビーイングは成り立っているとも言えます。

これらの四つ、トレーニングさえすれば高められると思いませんか。ウェルビーイングのスキルセットには、すべての子どもが自分らしく健康で幸せに生きるためのツールが盛り込まれていますので、それらのスキルは練習によって実際に伸びるのです。そうなると、ウェルビーイング教育の意義が明確になってきます。

神経心理学者たちはさらに研究を進め、二〇二〇年に「ウェルビーイングの可塑性（変化できる性質）」という理論を提唱しました［英文文献17参照］。脳の可塑性、神経の可塑性、身体機能の可塑性などについて研究されているわけですが、それらと同じように、ウェルビーイングにも可塑性が認められるというのです。

そうなると、ウェルビーイングは固定したもので変わらないものと考えることが難しくなります。ちなみに、ウェルビーイングの可塑性を支えているのは、「アウェアネス（気づき）」、「コネクション（つながり）」、「インサイト（洞察）」、そして「パーパス（目標）」だと言います。これらはすべて、ＳＥＬに含まれているものですから、ＳＥＬをベースとした「ウェルビーイング教育」という形が見えてきます。

以下では、ウェルビーイング教育をＳＥＬの視点から説明していくことにします。

2　ウェルビーイングを高めるＳＥＬ

ＳＥＬ（ソーシャル・エモーショナル・ラーニング）とは社会的情動教育の枠組みであり、前述したように、社会的発達と認知的発達を包括した五つの領域における学習があります。その五つを再掲しておきましょう。

・**自己理解（自己への気づき）**——自己の感情に気づく、自己の能力の現実的な評価など。
・**自己マネジメント**——感情のコントロール・挫折や失敗の克服・目標達成に取り組むなど。
・**他者理解（他者への気づき）**——他者の感情の理解・他者の立場に立てる・多様な人の存在の承認など。
・**対人関係スキル**——協力的で健全な関係づくり・協働的問題解決・好ましくない行為の拒否など。
・**責任ある自己決定**——自分も他者も尊重する決定・自己の決定に責任をもつなど。（CASELのホームページ参照。https://casel.org/sel-framework/）

これらを提唱しているのが「CASEL（Collaborative for Academic, Social, and Emotional Learning）」という組織です。CASELは、社会的・情緒的学習（SEL）を、就学前から高校まで欠かせない教育として実施されるように支援しているアメリカの非営利団体です。SELプログラムの多様な取り組みと効果をまとめ、情報を発信して実践を奨励しています。アメリカだけでなく、世界で実践されるSELを牽引しています。

経済協力開発機構（OECD）も、SELはウェルビーイングの向上につながると考えています［英文文献60参照］。OECDの調査では、児童生徒の社会的・感情的スキル（SEスキル）は、社会経済的地位や性別の影響をコントロールしたうえで、児童生徒の心理的ウェルビーイングと強く関連していることを明らかにしました。また、以下のような結果も報告されています。

・テスト不安は児童期から青年期にかけて増加する。とくに、女子に見られる。生活満足度と現在の心理的幸福度が低下する。これらの結果は、どの地域においても一貫している。

・社会経済的に恵まれた生徒は、一般的に生活満足度と現在の心理的幸福度が高い。社会経済的に恵まれない生徒と比較すると、現在の心理的幸福度は高いと言える。

・競争的な校風の認識や、両親や教師からの高い期待は、生徒の生活満足度や現在の心理的幸福度の高さと関連している。一〇歳児では現在の心理的幸福度の高さに、一〇歳児と一五歳児ではテスト不安の高さに関連している。［英文文献60参照］

ウェルビーイングに対するSELにおける効果について、OECDは「心理的ウェルビーイング」という表現を使っています。経済状態や身体的健康は含まれていませんが、社会的にも心理的にもよい状態というWHOの定義には一致しています。

OECD以外にもSELの研究はたくさん行われており、心の問題や行動問題のポジティブな変化、学力の向上、対人関係性の向上などに関するさまざまな効果を調べています。多くのエビデンスにより、SELがウェルビーイングに貢献すると分かっています。

ＳＥＬにおける五領域のスキルを示したＣＡＳＥＬのホームページでは、他者理解について「**多様性に感謝する**」とありますので、ＳＥＬの枠組みにおいて「感謝」についても考えてみましょう。

他者からもたらされる恩恵に対して抱く感情が感謝ですから、多様性は私たちに恩恵をもたらすという理解が必要になります。進化論では、多様性は種の保存に大切なことが分かっています。しかし、多様性に対する感謝は、おいしいお菓子をもらって感謝するよりも複雑なものとなります。

感謝を社会的な背景でとらえて理解するためには、社会性と認知の発達が必要になります。発達のレベルが、多様性をどのように捉えるのか、認知的にどのように評価するのかに影響してきます。子どもの認知発達においては、認知的に評価するなどといった思考ができるのは、認知発達の最後の段階となる「形式的操作期」で、一一～一二歳ごろからはじまるとされています［邦文文献20参照］。

多様性に恩恵を見いだし、感謝するという形式的操作は、小さな子どもには難しいでしょう。そこで、子どもがいろいろな人・モノに感謝・感情をもつための工夫が必要となります。

本書で紹介しているＷＥダイアリーは、小学二年生から六年生までを対象とする、感謝の活動となっています。自分の生活に感謝する対象を見つけ、記入するという活動を毎日続けます。抽象的な感謝の対象を見つけなくても、「何かをしてくれた」、「言ってくれた」というレベルであれば、小さな子どもにもできる活動となります。

　そもそも、ＳＥＬは、発達段階に応じて柔軟に目標や活動を設定できるという利点がありますので、すべての子どものウェルビーイングに貢献できるというエビデンスを備えています。本書では、小学生から大学生までのＷＥダイアリーについて報告し、感謝とウェルビーイングについて考えていきます。

「多様性に感謝する」に戻ります。アメリカ、カナダ、オーストラリアなどの国では、「多様性」は社会文化的に重要とされています。要するに、マルチカルチュラルの尊重が求められているということです。

　多様性を尊重するマインドセットを育むために、「多様性に感謝する」ＳＥＬスキルの育成は有効だと思われます。だからこそ、ＳＥＬがアメリカ、カナダ、ヨーロッパ、オーストラリアなどで積極的に取り組まれ、効果検証をしながら発展してきたわけです。これらの国で実践された研究結果（二一三種類）をまとめて分析した研究によると、五領域のＳＥＬスキルのほか、社会性や学業が向上し、暴力的な行動や情緒問題が減少しています［英文文献20参照］。

　この研究の分析方法に沿って日本の研究（九一種類）を分析した研究［英文文献74参照］では、

日本で実践されたSELにおいても海外と同じような効果が見られました。しかし、「効果量」という指標を用いると、SELスキルの向上にはあまり効果が出ていませんでした。これには、さまざまな理由があると思います。

まず、SELを効果的に学校で実践するための基準となる四つのポイントがあります。日本では、まだこの基準に沿った実践がされていないため、大きな効果量が期待できないのかもしれません。効果を保障するには、次の四つが重要だとされています。

①連続性（**Sequence**）――関連する活動を構成する。
②活動性（**Active**）――活発な学習形態で学習する。
③焦点化（**Focused**）――スキルの発達に焦点を当てる。
④明示性（**Explicit**）――特定のSEスキルを育てる。［英文文献32参照］

言うまでもなく、四つの基準（SAFE）に従う実践が効果的な取り組みにおいては必要となりますが、これについては後述することにします。

この実践基準が守られているかどうかよりも気になるのが、多様性よりも均一性を求める日本における社会文化的な傾向です。「集団主義」とか「同調圧力」などといった言葉で表現されるように、日本では、みんなが同じであることに安心感を見いだすという傾向があります。

ＳＥＬスキルの「多様性に感謝する」の「多様性」に対する意識は、今後の日本の課題になるかもしれません。もちろん、海外と同じように、ＳＥＬの実践によって向上しているスキルもあります。それは「レジリエンス」です。海外でも日本でも求められているレジリエンスとは、逆境に陥ったために落ち込んだ気持ちを回復していく力のことです［英文文献50参照］。

トラウマを引き起こしてしまうような大事故などといった逆境のなかで発揮される力なので、その場に身を置いて、実際にトレーニングすることはできません。日常の教育環境のなかで、子どものレジリエンスを高める効果があると分かっている力やスキルを練習し、困難な状況における対応力をつけていくことになります。

よい関係性、安定した情緒、自己コントロール、問題解決力、学校への所属感などがレジリエンス向上の要因となりますので、レジリエンスの育成はウェルビーイングの要因を向上させることにつながります。

レジリエンスを育てるプログラムはたくさんあります。オーストラリアのマイケル・バーナード教授が開発したプログラム「YOU CAN DO IT!（YCDI）」は、日本でも効果が検証されており、日本語で学ぶことができます［邦文文献55参照］。

このプログラムの特徴は、ベースに「マインドセット」の育成があることです。マインドセットとは考え方の癖のようなもので、生きる際の心構えになります。子どもたちは、日常生活においてさまざまなことに挑戦していきます。そのとき、「どうせダメだというマインドセット」と「何とかなるというマインドセット」のどちらが子どもたちにとって役立つのかは言うまでもないでしょう。

このプログラムでは、以下に挙げる一二種類のマインドセットを育てることになります（**表3－1**参照）。

言ってみれば癖のようなものなので、さまざまな場面での行動や発話に影響してきますが、自らのマインドセットが与える影響を意識することはないでしょう。前向きなマインドセットを育むＳＥＬスキルを学習し、練習する過程で育てていく意義は大きいと言えます。

ちなみに、ＳＥＬのプログラム数ですが、現在、効果が検証されているプログラムにかぎっても五〇〇種類以上があるそうです[1]。もちろん、プログラムとして提供される利点は大きいと言えます。先ほど紹介した「ＳＡＦＥ」の四つのポイントが保障しやすくなりますし、実践者にとっても取り組みやすくなります。私自身もプログラムを中心にしてＳＥＬを実践してきましたが、開発途上国であるアフリカにおけるＳＥＬの実践を聞いて視野が広がりました。

『レジリエンスを育てよう』（新評論、2024年）

表３－１　「You Can Do It !」が育てる12のマインドセット

・自分はできる	・自分を受け入れる
・リスクを恐れない	・自立している
・努力する	・しっかり働く
・目標を設定する	・自分の時間をつくる
・他者に寛容である	・素早く考える
・ルールを守って遊ぶ	・社会的な責任を取る

ＳＥＬは社会性や感情を教育する枠組みですから、プログラムとして考えると、その潜在的な可能性を限定してしまいます。子どもたちの自己理解や他者理解など、ＳＥＬで育む力の学習方法が、アフリカでは歌とダンス、話し合いで実践されているという話は、日本におけるＳＥＬ実践の視野を広げる機会となりました。

また、アメリカにおける子どもとの関係づくり、オーストラリアの学級運営に取り入れられているＳＥＬも、プログラムとしての実践ではありません。ＳＥＬアプローチを学級や授業に取り入れることができるという例となります。

つまり、ＳＥＬは、プログラム実践でなくても日々の子どもとのかかわりや学級において使うことが可能で、そうすることでウェルビーイングを向上させることになるのです。

日本の現状では、ＳＥＬはほとんどプログラムとして使われてい

（1）　https://www.jstage.jst.go.jp/article/itel/1/1/1_1.1.Trans.p004/_pdf/-char/ja　参照。

るように思います。海外の実践から、毎日のSELアプローチの大切さを学ぶことができます。

アメリカでは、教師が子どもとの関係づくりにSELを使っています。子どもたちにとって安全であり、安心できる環境を保障するためです。自己理解、自己マネジメントなど、自らに対する気づきや自分づくりは、安心できない環境では難しいでしょう。アメリカの学校において長年にわたってSELを実践してきた、元中学教師で、現在、教育コンサルタントをしているスプレンガー（Marilee Sprenger）は、学級で想定される場面におけるSELのアプローチをまとめています［邦文文献42参照］。

教師の笑顔は、子どもたちのウェルビーイングに貢献します。私自身の体験ですが、大学三年生の授業アンケート（一五回の講義が終わると、受講学生は授業アンケートでフィードバックをくれます）を読んだとき、「先生の笑顔のおかげで安心して受講できました」というコメントがありました。うれしいと思ったと同時に、驚いてしまいました。大学生であっても、笑顔がもたらす影響の大きさを知ったからです。園児、児童、生徒に対してどのような影響があるのか、思

『感情と社会性を育む学び（SEL）』（新評論、2022年）

表３－２　安全な環境づくり

新学期の関係づくり	：笑顔で挨拶する・自分のことを話す
児童生徒との関係づくり	：丁寧に話す・名前を呼ぶ
信頼関係づくり	：アイコンタクトをとる・名前を呼ぶ・興味をもっていることを尋ねる・ほめる・感謝する
振る舞いや行動の改善	：話しかけるきっかけをつくる・約束をする・「これはいつもの行動ではないです。何か話したいことはありますか？」と聞く

出典：［邦文文献42］40ページの表より改変。

わず想像してしまいます。

相手の興味関心を知るという行為は、他者理解そのものです。児童養護施設に実習に行った大学二年生から聞いた話を紹介しましょう。

ある男児に話し掛けたのですが、話が続かなかったそうです。もっと親しくなりたかったので、興味のあることは何かと探りました。そして、アイドルが好きということが分かると、帰宅後、いろいろと調べて翌日の話題づくりに励んだと言います。その結果、毎日話すことができるようになり、仲良くなれたようです。

私たちは、笑顔で話し掛けたり、関心のあることを話したりして、お互いのウェルビーイングを高めていると言えます。このような日常的な働きかけに対してＳＥＬでは、目的を明確にして、その目的のためにスキルを使い、結果（効果）を確認していきながら社会性と感情の力（ＳＥスキル）を高めていくことになります。

先の例では、日常的な会話のために、興味関心を知って話題になる材料を探し、使い、効果があったのでさらに使うというスキルになっています。「感謝する」も日常の何気ない行動ではありますが、ＳＥＬの枠組みで考えると、信頼関係づくりに有効なスキルとして使えます。

日常生活にある感謝の行動を、ＳＥスキルとして、ウェルビーイングを高めるＳＥＬという学びのなかでマインドセットをつくるために使っていきたいものです。

3 ウェルビーイングを目標とする教育

ウェルビーイング教育は、ポジティブ教育としてはじまりました。子どもたちのウェルビーイングの向上を目的とする教育で、メンタルヘルスの課題にチャレンジできるスキルを教えています〔英文文献68参照〕。一方、ポジティブ教育よりも教育目標がはっきりと表れている「ウェルビーイング教育」という言い方を提案した研究者もいます〔英文文献81参照〕。

ウェルビーイング教育では、「社会性と情動の学習（ＳＥＬ）」、「レジリエンス教育」、「対処スキル訓練」という三つが基本となっています〔英文文献61参照〕。一方、「自尊感情の向上」、「レジリエンスの育成」、「ポジティブ心理学」、「社会性と情動の学習（ＳＥＬ）」が基本になっていると捉える研究者たちは、具体的な教育内容として以下のことを挙げています。

・情動リテラシー（感情同定・感情コントロールなど）
・個人の強みの育成
・前向きなコーピング（ストレス対処）
・問題解決能力
・ストレスマネジメント
・サポート希求（サポート資源の確認）
・自己受容・セルフコンパッションなど　［英文文献８参照］

日本の心理教育や予防教育にも共通する教育内容となっていますが、日本では、解決しようとする課題・問題に取り組む教育として捉えられていますので、ウェルビーイングを目標とするという教育観がないように思われます。

学校教育では、テストの点数、偏差値、ＩＱなど、数値で測れる認知能力が重視されてきました。しかし、デジタル機器やＡＩの普及によって急激に生活環境が変化している現代社会では、学校教育に対して多くの人が変化を求めています。要するに、現在の、そして未来社会においてキャリアを築いていくための教育が求められているのです。言葉を換えれば、子どもが臨機応変に新たな環境に適応していく力・スキルが学べる教育です。

認知的能力に加えて、意欲や協調性などといった非認知的能力を育む教育も必要なのです。このような新しい教育の動向として、欧米やオセアニアでは、学校の教育カリキュラムのなかにおいて非認知的能力を育む教育が実践されています。

このような新しい教育は、「ウェルビーイング教育」、「社会性と感情の学習（SEL）」、「メンタルヘルスリテラシー教育」などと、国や学校によって名称は異なりますが、共通しているのは、「私たちが望む未来（Future We Want）」を実現する力の育成であり、個人と地域・社会のウェルビーイングを目的としていることです［英文文献58参照］。

オーストラリアでは、子どものウェルビーイングの向上を目的とした教育としてSELを積極的に推進しています。子どもが心身ともに健康で、幸せな感情が持続するために必要なウェルビーイング教育は、その向上を目的とするSEL教育になります。

OECDは、ウェルビーイングを四つの領域で捉えています。心理的、社会的、認知的、身体的領域です［英文文献56参照］。ウェルビーイング教育の内容は、これら四分野にわたるという多様性を保持しています。たとえば、心理的領域ではメンタルヘルスの向上、社会的領域では対人関係スキルの育成につながる教育内容となっています。

これらをふまえると、SELの五つの枠組み（自己理解・他者理解・自己マネジメント・対人関係スキル・責任ある意志決定）が、ウェルビーイング教育の多様性を支えていることが分かります。

それでは、具体的にはどのような教育になるのかについて説明していきます。

たとえば、デンマークのウェルビーイング教育には「TEACHOUT」というプログラムがあります。二〇一四年にはじまった国の学校改革によって五四九校で実施されているもので、社会的ウェルビーイング、運動、学業、社会性、学校生活における動機づけなどを向上させる「教室外教育（Education outside the classroom）」となっています［英文文献55参照］。約一九パーセントに当たる学校において、毎週または隔週で行われるようになり、イギリス、ドイツ、ノルウェーなどのヨーロッパの国々に広がっていると言います［英文文献6参照］。

教室の外で行う教育とは、教師が子どもたちを教室の外に連れ出し、地域環境のなかにおいて、カリキュラムにある教科内容や活動を教えるというものです。たとえば、算数の授業では木々の大きさを測ったり、言語科目の課題として詩を書いたり、社会科では歴史的な意義のある場所を訪問したりしています。また、新しい試みも行われています。具体的には、子ども主導よる問題解決、実験、協働活動、体育や遊びなどです。

これら行動を通じた教室外での学習、主題を見つけて教室外での活動を取り入れて学ぶ過程、実際の現場に身を置いて身体と感覚を使った学びなどによって学習意欲が高まり、理解が進むと同時にメンタルヘルスが向上するという特徴があります。

このような取り組みがはじまった背景として、日本と同じく、教師の仕事量が多いという問題があったようです。

言うまでもなく学校は、子どもたちの健康増進に大きな役割を果たしています。二〇一〇年に行った調査によると、デンマークでは六一パーセントの学校が三つ以上の健康促進活動を取り入れていました。これらはカリキュラムには入っていない活動であったため、教師の仕事量がかなり多くなってしまいました。そこで、カリキュラムに沿った教科指導が健康促進活動につながる試みとして「TEACHOUT」をはじめたわけです。つまり、教室から出て地域の環境を利用する形で、普段の教育をウェルビーイング教育にしたわけです。

学習と健康促進を目的とするこの教育方法は、スカンジナビア諸国で広がっているようなので、目に見える効果があると思われます。いつもの授業が子どもたちのウェルビーイング向上になるという教育方法は、カリキュラムに沿って行われ、教師の負担を減らすことになりますし、学力と心の健康向上にもつながります。もちろん、日本でも取り組める要素が十分にありますし、効果が期待できると思われます。

学力とウェルビーイングの向上を目的とする授業が学校の外で行われている理由について説明しましょう。

「TEACHOUT」の実践者である研究者は、動機づけとウェルビーイングにつながる「自己決定理論」［英文文献67参照］を用いて説明しています。私たちの動機づけには、「自律性」、「能力」、「つながり」という三つが必要となりますが、教室の外で体と感覚を十分に使って実践的な経験を積むと、これらの三つが育つと言っています［英文文献7参照］。

教室の外に出て、地域の施設や自然のなかで学習すると学習に対する動機づけが高まり、心の健康にとってもよい授業になるのです。確かに、教室に座って受ける授業よりも自律性が発揮され、自分の能力を試し、周囲とのつながりも感じられるでしょう。冷静に考えれば、教室でずっと机の前に座っているという状態は、子どもからすれば不自然なのです。

日本の教室では、静かに集中して聞くことや書くことが求められています。それも、四〇分から五〇分という長い時間です。授業にアクティブラーニングの導入が奨励されるなど、学習形態の多様化が進んでいるわけですから、学習する場も変化してほしいものです。

とはいえ、日本の教育も変化していると言えます。たとえば、二〇二二年より高校の保健体育に「心理教育」が導入されています。指導要領によると、「①精神疾患の特徴と、②精神疾患への対処」としており、このなかでは、「うつ病、統合失調症、不安症、摂食障害の四疾患については具体名を挙げて理解されるよう指導すること」となっています。

カリキュラムに沿った心理教育によってメンタルヘルスについての理解が広がると、予防や早期治療の実施、疾患を抱える人への理解が進み、ウェルビーイングの向上につながると期待できそうです。

心の問題は、周りから理解されない、変な目で見られるなどといった偏見に対する苦しみが理由で心の不調をさらに深めてしまいます。少しでも周囲の理解が進むと、治療環境がよくなると期待できます。

一方、イギリスでは、学校のカリキュラムに対応したウェルビーイング教育として「Psyched（気合いを入れる・頑張る）」というプログラムが実施されています。心の健康とウェルビーイングに対する自信、そして知識の向上を目的とする、一一歳〜一八歳の生徒を対象にした教育です［英文文献64参照］。

プログラムの各セッション（二〇分）は、パワーポイントを使った心理教育とアクティビテで構成されています。心理教育では科学的な知識と事実に基づく情報を提供し、アクティビティは、「知識と情報の理解」、「マインドフルネスと認知行動モデルに基づいたセルフヘルプ」、「他者のサポート」という三分野に分かれています。

心理教育では、多岐にわたる問題が扱われています。自傷、薬物使用、摂食障害、不安症、うつ病、統合失調症、人格障害、双極性障害など、青年期に発症する主な精神疾患がカバーされています。つまり、教育現場では主に不安症とウェルビーイングに関心が寄せられているということです。

具体的には、「睡眠の問題」や「登校渋り」などです。もし、学校側が特定の問題に関心があるようなら、要望のあった内容をセッションに入れて指導者が授業を組み立てるといったこともしているようです。要するに、学校のニーズにこたえる柔軟な運営が可能だということです。

プログラムは、学校医一名がリーダーを務めるクラスに二〇〜三〇人の生徒が参加します。ボランティアの医師と医学部の学生が指導をするわけですが、授業の長さは四〇分～五〇分で、二か月にわたる教育となっています。

医師と医学部の学生がボランティアで指導してくれるといった授業は、すべての学校ではできないでしょう。それゆえ、二〇分という短い時間で必要な情報提供からセルフヘルプまでをカバーするという心理教育モデルは、日本における保健体育の授業においては参考になるでしょう。

日本の学校教育において参考となる二つのウェルビーイング教育を紹介しました。デンマークの「TEACHOUT」は、日本で行われている地域学習に、ウェルビーイングや心の健康という要素を入れれば実現しそうです。そして、高校の保健体育ではじまっているメンタルヘルス教育の運営や教材では「Psyched」が参考になるかもしれません。

結論的な言い方をすれば、教育活動をどのように子どもたちのウェルビーイング向上につなげるかを考え、変更や追加をしていけばウェルビーイング教育になるということです。学校や園の現場において、少し手を加えて、現行の教科活動をウェルビーイング教育にするという挑戦をしてみませんか。そして、学校での日課に、ウェルビーイング教育になる活動を取り入れてみませんか。

日本では、カリキュラムのなかに心の健康のためのプログラムを入れるのは難しい、これ以上教師の負担を増やすことができないなどといった、ウェルビーイング教育を実践する際の課題が山積しています。とくに、新型コロナ禍の経験から、相互作用・交流の時間やレベルについては慎重に考えられた授業内容が求められています。これらの課題にチャレンジする形で生まれたのがWEダイアリーなのです。これは、「感謝の心理学」や「感謝の日記」のエビデンスがもとになっています。

私たちが高く評価するものを決める際には、所属している社会の文化的価値観が影響してきます。たとえば、アメリカでは「幸福であること」が高い評価を受けるため、アメリカ人は「自分は幸福だ」と主張する人が多いそうです。それだけでなく、幸福を求める生き方は周りからも承認されています。

『幸せのちから（The Pursuit of Happyness）』（二〇〇六年）というアメリカ映画があります。

事業を失敗したことによってホームレスになった男性がさまざまな努力をし、最終的には成功するというストーリーの作品ですが、これは実在の人物クリス・ガードナー（Christopher "Chris" Paul Gardner）の半生を描いたものです。ご覧になれば分かりますが、アメリカ社会では「幸福の追求」が尊重されるという社会性が描かれている作品だと言えます。

> All men are created equal, that they are endowed by their Creator with certain unalienable Rights, that among these are Life, Liberty and the pursuit of Happiness.

紹介したのは、アメリカ独立宣言の前文です。このなかで、「幸福の追求」は「the pursuit of Happiness」と書かれています。お気づきでしょうか？　映画のタイトルは、まちがったスペルで書かれているのです。その理由は、子どもの託児所に書かれていた「Happyness」というスペルを映画のタイトルとして採用したからです。

このタイトルは、幸福であることを大切にするアメリカ社会をうまく表していると思います。子どもの託児所という日常的な場に、「幸福の追求」という権利意識が表現されているのです。スペルをまちがえてしまうなど、英語力に差があっても、大切な権利と価値観は広く社会で共有されているという事実に感動してしまいます。要するに、「幸福の追求」はアメリカ人に共通する社会的な価値観なのです。

それに対して日本は、他人との関係や社会的な調和を重視していますので、あからさまに自分の幸福を追求するといった言動は控えてしまいます。また、「謙遜」という社会慣習があるため、アンケート調査でも、「非常に高い」または「非常に低い」といった項目を選択しない傾向があるとも言われています［英文文献41参照］。そのため、子どもが答えてくれたウェルビーイング尺度の回答は、その背景にある社会文化的価値観から理解する必要があります。

社会文化比較の研究では、アメリカ・ヨーロッパの個人主義と日本・アジアの集団主義が比較されて議論されています。個人が幸福を追求する姿勢は個人主義的である、と考えれば、集団主義の日本社会ではあまり評価されないでしょう。

つまり、日本における子どものウェルビーイング教育では、子どもたちは日本の社会文化の影響を受けているという理解が欠かせないのです。自分の幸福を大切に考えて追求する社会と、自分よりもみんなの利益を優先する社会では、幸福を評価する度合いは自ずと違ってくるでしょう。

日本の社会文化的な価値観では、我慢をしてでも自分の要求を後回しにし、他者の気持ちを配慮する態度や能力が高く評価されます。確かに、辛抱することによって、回り回って自分の幸福につながる場合もあるでしょうが、このような日常において、自らが幸福の実現に立ち向かうための力は育つのでしょうか。

すべての子どもが自らの幸福を実現する方法を知らないとなると、当たり前のことですが、みんなの幸福を実現する力もないことになります。幸福をみんなで実現できる社会を目指すためには、アメリカの映画で描かれた託児所の落書きのように、意識の共有が必要なのです。それを実現するために、私たちは「ＷＥダイアリーを作成した」とも言えます。日本におけるウェルビーイング教育の一つの例となり、ウェルビーイングを目的とするＳＥＬが拡がっていくことを願っています。

4　日本で実施されるＳＥＬの課題とＷＥダイアリー

ウェルビーイング教育の開発をはじめようとしたころ、学校では新型コロナ禍による規制や制限がはじまりました。研究協力をお願いしていた小学校でも、相互交流を伴う活動が限定され、ソーシャルディスタンスが厳しく指導されるという環境になりました。教室環境と活動が激変し、新型コロナ禍というストレスの多い毎日の生活にこそ、子どものウェルビーイングを保つ取り組みが急務とされます。

このような状況下で、感情や思考、行動を変化させるために行う心理的介入法として、感謝を用いるＷＥダイアリーは誕生しています。先にも述べたように、短時間での取り組みが可能な活動として、「朝の会」、「終わりの会」、「宿題」など、柔軟に設定することができます。八週間にわたって一冊のダイアリーに子どもたちが記入する活動となっていますので、教師の負担が少なく、学校のカリキュラムの妨げにもならないといった利点があります。

「感謝する」ことの効果についてはたくさんの報告がありますから、WEダイアリーは、エビデンスに基づく感謝の活動によってウェルビーイングの向上が期待できるほか、学校で実践しやすいという利点をもっている「ウェルビーイング教育」と位置づけることができます。

日本においてもSELの認知度は高くなっていますが、実践にともなう課題がたくさんあり、プログラムの全国的な広がりと継続した実践が難しい状態のままです。SELを実践する際の課題は、研究者からも実践者からも出されています。

まず、福岡教育大学准教授の山田洋平氏は、社会性や感情は社会文化的影響が大きいため、実施するプログラム（教育）の妥当性が問題になる、と論文で指摘しています。また、実施時間の確保とカリキュラムとの整合性という課題や、実践者のやる気や自信といった課題も挙げていきます［邦文文献55参照］。

一方、本書の共著者である石本は、担任教師とスクールカウンセラーによる連携した実施が効果的だとしながらも、現実には、教師と専門家がどのように連携できるのかという課題を指摘しています［邦文文献3参照］。

さらに、実践にかかわった現場からは次のような課題が出されています。

・効果的に実践するための研修会に参加したいが、時間や金額が気になる。
・保護者の理解を得る必要がある。
・ＳＥＬを実践する環境を整える必要がある。

本書で紹介しているＷＥダイアリーは、それらに対応できる性質をもっています。カリキュラムに影響が出ない時間を教師が一〇分〜二〇分ほど設定さえすれば、または宿題などで子どもたちは記入できるのです。

感謝の活動は日常生活でも奨励されていますし、特別の教科である「道徳」(2)においても扱われていますので、社会文化的に妥当な学習活動となります。そして、実践者が準備をする必要もありませんし、リハーサルをすることなく実践できるのです。もちろん、専門家と連携することもできますが、それが必要となるケースが生じた場合の連携となるでしょう。

（２）教科外活動として行われてきた道徳の授業が、小学校で二〇一八年度、中学校で二〇一九年度から「特別の教科」となっています。

子どもへの指導についていえば、導入する際、目的と内容の説明をし、やり方を理解しているかどうかを確認するだけです。しかし、指導者には、「動機づけ」と「継続の励まし」という二点をお願いしたいです。

アメリカでの、長年にわたる実践から提案されているSELプログラムにおける「SAFE」の実現が課題になっています。先にも紹介しましたが、「SAFE」とは以下の四つのことで、これらが効果的なSELのポイントとされています（七〇ページ参照）。

①連続性（Sequence）――関連する活動を構成する。
②活動性（Active）――活発な学習形態で学習する。
③焦点化（Focused）――スキルの発達に焦点を当てる。
④明示性（Explicit）――特定のSEスキルを育てる。［英文文献32参照］

この四点について、WEダイアリーにおいて考えてみましょう。まず、「①連続性」では、導入される活動に連続性があるかどうかです。WEダイアリーでは、生活を振り返る、感謝に気づく、感謝を記述する、感情・気持ちに気づく、生活のポジティブな部分に気づく、サインをする、というプロセスに連続性があります。メタ認知を使って考えと気持ちを順に振り返っていきます。「③スキルの発達に焦点を当てる」というポイントは、日本の学校における心理プログラムの大きな課題となっていますが、「ＷＥダイアリー」では、日記に記入する期間は八週間という十分な期間を設定しています。そして、目標ともなる「④特定のＳＥスキルを育てる」は、生活のなかに感謝する対象を見つけて、ポジティブなマインドセットを形成することとなっています。

このように、②に当たる「Ａ」以外の三つは、「ＷＥダイアリー」においてクリアしています。確かに、「②活発な学習形態で学習する」は新型コロナ禍のクラスにおいてはできませんでした。しかし、「ＷＥダイアリー」は個人の日記という性質をもっていることから、個人内における活発な活動と考えることができます。今後の学級活動にどのように活かしていけるのかについて考えてみましょう。

ＳＥＬの五つの枠組みにおいて、「感謝」は「他者理解（他者への気づき）」に含まれ、学級づくりのスキルとしては「信頼関係づくり」に入ります。さまざまな心理学研究から分かっている感謝の働きから、他者理解のスキルや信頼関係づくりのスキルとして練習するのは理にかなっていると言えます。感謝は、ＳＥスキルとして、学級で学び、練習するスキルの一つとなっているのです。

感謝をスキルとして指導し、その特有の働きを理解するという学級活動はＳＥＬ教育となります。活発な相互活動として、感謝の活動を導入し、個人活動としてＷＥダイアリーを併用すると効果が向上するはずです。

ＳＥＬによってＳＥスキル（社会的・感情的スキル）を育むとき、その価値と方法を理解し、ロールプレイなどで練習することになります。実際に感謝について学ぶときには、「ありがとう」という言葉を発することになるでしょう。相手によっては、「ありがとうございます」という言葉遣いになったり、深くお辞儀をするという仕草が加わったりすることもあるでしょう。しかし、実際の生活場面では、感謝する対象や場面において、自分のなかに生まれた感謝の気持ちに気づく必要があります。

このプロセスがないと、誰にでも、どんなときにも「ありがとう」を言ってしまうかもしれません。また、感謝する対象（誰に「ありがとう」を言うのか、どのような理由があるのか）をはっきりと理解するための練習も必要です。これらをふまえたうえで発せられた「ありがとう」は、信頼関係づくりを推進することになります。言うまでもなく、その人とのつながりを認識したうえで感謝しているからです。

「ありがとう」と言うことが習慣になるのはよいことですが、感謝の道徳心や社会的感情の機能が発揮されないと、音声として「ありがとう」が出てくるだけで、感謝の気持ちから発生する言葉掛けや仕草ができません。ＷＥダイアリーは、四〇日にわたる感謝の記入を通して自分の周りにある感謝の対象に気づき、「ありがとうを探す」活動を積み重ねて感謝のマインドセットをしっかりつくっていると言えます。

また、ＳＥＬの他者理解（他者への気づき）にある「多様性に感謝する」場合には、生活のなかにある「多様性」を捉えるという感謝のマインドセットの発達がさらに必要となるでしょう。

前述しましたが（七一、七二ページ参照）、マインドセットとは、その人特有のものの見方や考え方のことです。気質のように、もって生まれたものや体験的に獲得していったもので成り立つマインド（心・精神）のセット（ひとまとまり）と考えると、誰にでもあるものだと理解できるでしょう。

参考までに述べますと、マインドセットに関する本をたくさん著しているドウェック（Carol Susan Dweck）によると、知能が成長し続けるという「グロースマインドセット」と、知能が固定化するという「フィックストマインドセット」の二種類があると言います［英文文献24参照］(3)。ちなみに、ＷＥダイアリーではグロースマインドセットを育てることになります。

(3)　邦訳書として、『マインドセット「やればできる！」の研究』（今西康子訳、草思社、二〇一六年）などがあります。

ＷＥダイアリーに記載されている感謝の対象には、家族、友人、教師などといった身近な人に対するものだけでなく、ペットや愛着のある持ち物、日曜日やイベント、テスト結果やスキル獲得など、さまざまな対象が記入されています。子どもたちは、生活にある身近な多様性を尊重しているとも言えます。それらには、社会文化的多様性、価値観や志向の多様性という、マクロ的なものが発展的に含まれています。

ＷＥダイアリーにも含まれていますが、「感謝の日記」という心理支援の方法は一連の認知活動をともないます。具体的には、以下のような活動となります。

その日を振り返る⟶出来事を思い出す⟶その時々の感情や考えを呼び起こす⟶感謝（感謝感情）を探す⟶感謝の感情を出来事・考えに結び付ける⟶感謝の対象を明らかにして記入する⟶感謝の内容をまとめて記入する。

このプロセスにおいては、子どもの成長につながる重要な力が使われることになります。まず、「振り返り」にはメタ認知を活用しますし、「感謝を探す」ときにはマインドフルな状態になります。このような認知活動は、ＳＥＬにおける「自己理解」、「他者理解」、「対人関係の構築」に深くかかわってきます。

生活環境は感謝の活動に影響していきます。何か高価なものをもらったときには、それにのみ意識が向いてしまうでしょう。逆に、散々な一日を過ごしたら、感謝を見つけるのが難しいでしょう。「感謝の日記」においてもそうですが、ＷＥダイアリーをどのくらい継続すれば感謝のマインドセットが形成されて、すべての日において感謝に気づけるようになるのかについても、今後の研究課題となるでしょう。つまり、どのくらい続ければ、感謝を育む力が育つのかということです。

ＷＥダイアリーは、「ありがとうを探す」活動として子どもたちに紹介されています。感謝の効果については、これまで述べてきたように、ポジティブ感情と人とつながる向社会性の向上はウェルビーイングに貢献します。そして、感謝のマインドセットが育てば、感謝を育成する力が育っていくと期待されます。

さらに、感謝を育成する力は、自らのウェルビーイングを向上させる力ともなります。感謝の育成には双方向性がありますので、他者から受けた恩恵に対して感謝の感情をもつとともに、他者に返礼をすることになります。事実、「**ありがとう、と言ってくれて、ありがとう！**」という記入がありました。

このように、自分の行為や存在が他者からの感謝の対象になると感じられることによって、自信、自己肯定感、自己効力感といった力につながっていくわけです。

さまざまなものに対する感謝は、生活の幅を広げることになります。人だけではなく、身の周りには私たちに恩恵を与えるものがたくさんあるからです。とはいえ、気になっていることがありますす。ほとんど人が感謝の対象として挙げていないものへの感謝があるのです。たとえば、布団、コンビニのチキン、手袋、テレビ、パソコン、シャープペンシルなどのことです。

まちがいなく、これらは生活を支えてくれているわけですから感謝の対象となります。しかし、人々は、それらがもたらす恩恵には気づきにくいようです。それとも、感謝の対象として感じる必要がないということでしょうか。

ＷＥダイアリーが子どもの生活の質を知る手掛かりになるとすれば、どのような支援ができるのかについて検討する必要があります。そして、ＷＥダイアリーだけでは感謝のマインドセットを育てられない場合には、どのような対応をすればいいのかということも課題となります。次章において、「感謝」とは何かについてさらに深めていきます。

第4章

感謝することによる心理学的な効果

WEダイアリーを実践した大学生

1 感謝とは

感謝とは、日常生活のなかで、他者や環境から受け取った恩恵や善意に対して「ありがたい」と思う気持ちのことです。感謝を頻繁に感じられる心は、生活のなかで絶えず受け取るさまざまな恩恵に目を向け、それに感謝する形で育まれます。よって、感謝は単なる言葉や行為だけで示すものではなく、心の奥底から湧きあがるその人の「思い」となります。

感謝の表現としては、「ありがとう」と言葉で相手に伝える方法と、親切心や返礼をもって表現する方法があります。また、広く考えると、感謝は「感情」だけではなく、「美徳」、「道徳」、「動機」、「物事への対処反応」、「スキル」、「態度」といった要素を含む複合的なものであると捉えることもできます。感謝は「人生へのアプローチ」とも捉えられており〔英文文献84参照〕、「世界のさまざまなポジティブな事柄に気づき、感謝する人生のアプローチ」と定義されています。

ちなみに、「感謝」を英語で言うと「Gratitude」となりますが、これはラテン語の「Gratus」から派生してもので、「他人を喜ばせる」や「感謝をする」という意味になります。

感謝の概念は、世界中のさまざまな宗教や文化において重要視されてきました。神様や人生のあらゆる出来事に対する感謝は、さまざまな信仰のなかにおいて重要な行動として位置づけられています。このため感謝は、日本だけでなく世界中の人々にとっても共通する価値観となっており、重要な文化的な習慣として認識されています。感謝の実践は、人間関係や社会の調和を促進し、個人やコミュニティーの幸福感を高める重要な役割を果たしています。

感謝には八つの側面が存在する、と言われています（**表４－１**参照）。感謝に対する思いが強い人は、日々の生活のなかでさまざまなことに気づき、感謝することができるため、八つの側面を通してさらに「感謝の心が育める」と考えられます。その対象は、人間だけではなく、状況、自然、モノ、動物なども含まれます。このように考えると、人間は本当にさまざまなことに感謝できる機会があるため、最悪の状況にあっても、誰しもが何かしらに感謝できるということになります。

多くの感謝の研究から、身体的、心理的、社会的な分野において、以下のようにさまざまな感謝の効果が報告されています。さまざまな感情の側面やそれにかかわる人間の特性がウェルビーイングに影響することが明らかになっているわけですが、とくに「感謝」という感情が重要であることが分かります（**表４－２**参照）。

感謝の気持ちを高める方法にはいくつかあります。世界中で感謝の習慣を高めるさまざまな取り組みが行われてきましたが、現在、主に以下の三つ方法が行われています［英文文献21参照］。なお、WEダイアリーは、この三つのうち、子どもが感謝の習慣を養うために適していると思わ

表４－１　感謝の八つの側面

	感謝の側面	説明	例文
1	感謝への感度	感謝を感じる頻度や強さなど	人生のなかで感謝を感じる機会が多い。
2	他人への感謝	他人が自分に行った行為に対する感謝	友人や家族に対する感謝の気持ちを表す。
3	自分が持っているものへの感謝	現在の生活で既に持っているさまざまなポジティブな要素に対する感謝	健康や居住環境を有することに感謝する。
4	美しさへの感謝	自然や物事の美しさに対する感謝	ナイアガラの滝を見て、美しい世界に感謝する。
5	感謝を表現する行動	さまざまな形で感謝を表現する行動	他人に「ありがとう」と伝える。
6	現在の瞬間への感謝	定期的に現在の瞬間における感謝できることへ注意を向けること	歩いているときに立ち止まって、道端に咲くバラの匂いを嗅ぐという楽しみ感謝する。
7	人生の有限の時間のなかで感じられる感謝	人生の有限性に対する感謝	人生のかぎられた時間を理解し、今の時間に感謝し、充実した日々を送る。
8	状況を比較することから生まれる感謝	現在の状況に対する感謝を深めること	他人の不幸な状況と比較し、現在の状況に感謝する。

出典：［英文文献84］より筆者作成。

表４－２　感謝の効果

効果の種類	効果の詳細
心理的効果	ポジティブ感情、楽天性、幸福感、人生の満足度の向上。うつ、不安、全般的な心理的ストレスの軽減。
社会的効果	他者を助ける行動の増加、寛容性や慈悲深さの高まり、孤立感や孤独感の軽減、外向性の向上、人間関係の改善、生産性の向上。
行動への効果	積極的な問題解決への取り組み。問題から逃げたり、責任を他人へ押し付ける行動の低下。薬物やアルコールへの依存の低下。睡眠の質の向上。
身体的効果	免疫力の向上、痛の軽減、血圧の低下、体調の改善。

出典：［英文文献21］より筆者作成。

れる「感謝の日記」と「感謝する人物や事柄に対する絵を描く」を複合的に取り入れたものとなっています。

❶感謝の日記
❷感謝する人物や事柄に対する絵を描くこと（とくに子どもの場合）
❸感謝の手紙

それぞれについて、詳しく述べていきましょう。

感謝の日記

「感謝の日記」は状況や個人の好みによって書き方に違いがあるでしょうが、重要だと思われるコンセプトは、定期的に文章の形で表現していくことです。感謝の対象は、人物（家族、友人などのお世話になっている人物など）、モノ（毎日使っている道具など）、出来事（すでに起こったや、これから起きること）など、さまざまな事柄となります。

記録する頻度は、毎日や一週間に一度など、自分で決めます。とくに、子どもが学校で実施する場合には、学校に関連ある人物や物事に対する感謝を記録していくなど、対象を絞るという方法もあります。

感謝を記録する対象も、一回につき一つや一人の場合もありますが、多くの人物や物事に対して記録したり、多くの側面を詳細に記録したりする場合があります。さらに、重要な人生の出来事から、日常の些細な出来事や恵みといったように幅広く含めることができます。

それらには、人間関係、喜びと幸福の瞬間、他人から受けた親切な行為、個人の強みや成果、成長と学びの機会、または自然や環境などといった世界の美しさに対する表現が含まれる場合もあります。よって、「感謝の日記」は、以下に挙げたように、いくつかの重要な役割を担うことになります。

❶日々の生活のなかで意識的に感謝に着目することにより、豊かでポジティブな側面に意識を移すことを促進します。

❷定期的に「感謝の日記」をつけることで、人生に対する感謝と満足感を育めます。また、長期にわたってつけることによって、人生の視点や展望においてポジティブな変化が現れます。

❸感謝の日記は、反省や内省のための貴重な手段として機能します。日々記入するだけでなく、

過去に記入したものを振り返ることで人は過去の感謝の気持ちを再体験しますので、自らの成長と発展のための重要なツールとしても機能します。とくに、困難な時期に過去の「感謝の日記」を振り返ることは、以後の人生の励ましともなります［英文文献76参照］。

「感謝の日記」は、感謝を育むための強力なツールであるとともに、感情的な幸福を促進し、肯定的なマインドセットを育てることになるというのです。そして、定期的な練習と誠実な反省を通じて人は、感謝の変革力を利用して、より幸せで充実した人生が送れるということです。

感謝の絵を描く

感謝を絵で表現するというのは、大人にとっても非常に有益となるのですが、子どもがこれを行うととくに効果が高くなります。絵で表現する場合、ポジティブな感情が想像以上に表出します。絵は、言葉以上に、直感的に感情や感覚をより深く表現するからです。要するに、絵を描くことで、ポジティブな感情をリアルに、生き生きとした形で捉えられるということです。

また、感謝の気持ちを絵で表現すると、創造性を刺激するほか、ポジティブな思考パターンを促します。言うまでもなく、絵を描くことは創造的な活動であり、感謝をテーマにして描くことで、自分自身や周囲の環境に対する見方を強化することにもなります。

さらに、自己表現や自己認識を促進するといった効果も期待できます［英文文献10参照］。つまり、自分自身の感情や価値観をより明確に理解するようになり、自己理解を深めることにつながるからです。

このような自己表現の過程は自らの成長につながりますし、他者とのつながりや関係性までも強化するという効果があります。言葉を換えれば、他者との共感や理解を深め、「絆」をより強固なものにするということです。

このように、感謝の気持ちを絵に表すという行為は、心理的な幸福感とポジティブな生活の質を向上させる重要な手段となります。絵心がない人も、ぜひ行っていただきたい活動です。

感謝の手紙

感謝の手紙は、感謝の気持ちや謝意を伝える手段として書かれるものであり、人生に肯定的な影響を与えた人に対する表現となります。この手紙は、ある人が提供した具体的な行動、支援、親切、または貢献に対して、心からの感謝を伝えるメッセージとなります。その頻度は、人によって違うでしょうが、週に一回、二週間に一回など、状況に応じて書かれることになるでしょう。

この手紙を書く本質は、感謝を伝える能力を育むところにあります。単に「ありがとう」と言うだけでなく、相手の行動などがどのような影響を与えたのかと考えたうえで、自らの感情を十分にふまえて表現することになります。

また、感謝の手紙には、相手の行為などに関する社会的な考察が含まれることもあります。筆者が書く場合は、相手の行動が具体的にどのような形でよい影響を与え、自信を高めたのか、また今後の人生に素晴らしい影響を与えてくれたのかなどを書き加えるようにしています。

さらに、いくつかの重要な役割を果たしますので紹介しましょう。

第一に、自らのポジティブな感情を促進することで心理的な幸福感を高めます。そして、感謝を表明することで自己と他者との関係がより良好になり、相手に対する愛情や尊敬が増大していきます。次に、自己価値観を向上させます。受け取った人の存在や行動が他者によって認められることになりますから、当然、自己肯定感が高まり、ポジティブな心理的状態が促進されます。

まだあります。感謝の手紙は人間関係を強化し、深いつながりを育む手段としても機能します。要するに、手紙を出した人と受取人の絆が強くなり、それを共有することで、よりお互いの役割を認識し合うようになるということです。

最後に、過去の行動や関係を振り返り、ポジティブな思い出や体験を強調することになりますので、お互いの経験が感情面において豊かなものとなります。過去の成功や喜びに焦点を当てれば自らのポジションを肯定的に見られますし、自己認識を高めることにもつながります［英文文献19参照］。

感謝の手紙は、感謝を育み、関係を強化し、ポジティブな気持ちを高めるための重要なツールと言えます。友人、家族、同僚、またはほかの人に宛てて書かれたものであろうと、人生を豊かにする人々に対する感謝の表明として非常に意義深いものとなります。

心理学の領域では、ここで挙げた三つの方法に加えて、「感謝を数える」、「感謝の訪問」なども行われており、それぞれにバリエーションがあります。
オーストラリアの書店にあった子ども向けの「感謝の日記」では、ネガティブなことが浮かんできたら、同じページの片隅にある「ごみ箱」に捨てられるようになっていました。対象者を考えたうえでの配慮だと思われますので、実践する場合には加えてもいいようなアイデアだと思います。

どの方法がもっとも効果的なのかという研究結果はありませんが、どの活動を用いた研究でも感謝の効果は報告されています。ちなみに、「感謝の手紙」や「感謝の訪問」は社会的な活動になるので、想像以上に効果が高くなるようです。でも、実践しようとするとハードルが高い感じがするでしょう。

一方、「感謝の日記」や「感謝を数える」というのは個人的な活動なので、すぐに取り掛かることができます。もし、「感謝の日記」もハードルが高いと感じられるようであれば、「感謝を数える」に取り組むというのはいかがでしょうか。たとえば、寝る前に、その日を振り返って「ありがとう」を探すといった活動です。

もし、自分自身で行う場合は、「三つ以上」などと数を決めておいてもいいでしょう。それに、感謝の対象を思い出すという行為は良質な睡眠を誘うという効果が確認されていますので、やってみる価値が十分にあります。いずれにしろ、自分に合った方法で「感謝する」という習慣はつくれますので、子どもたちにすすめるだけではなく、みなさんも実践してみてください。

2 感謝することによる心理学的な効果

ポジティブ心理学

感謝の研究では、参加者の考えや気持ちが前向きになるという報告が多くあります。「前向きである」と、どうしていいのでしょうか？　さまざまな研究がこの問いに答えています。「アメリカ科学アカデミー」の研究によると、物事を前向きに捉えて生活すると、「寿命が一五パーセント伸びる」とされています〔英文文献45参照〕。このほかにも、「前向き思考」と「寿命」の関係を調べた有名な研究があります。アメリカのケンタッキー大学の心理学者らが修道女を対象にして行った調査です〔英文文献18参照〕。

平均年齢八五歳の修道女一八〇人が、「自分はこういう人生を歩んできました」とか「これからこういうふうになりたいです」といった内容のものを書いたのですが、それを研究者が読み、「プラス思考」と「マイナス思考」の二グループに分けました。修道女は、厳格なキリスト教徒らしい生活、つまりとても健康的な生活をしていますので、平均寿命は一般の人よりもかなり長いと言われています。

この調査で分かったのは、「プラス思考グループ」の修道女のほうが、「マイナス思考グループ」に比べて、寿命が一〇年ほど長いことが分かりました。前向きに過ごすという生活が寿命を一〇年延ばしたのです。健康寿命に関心が高くなっている近年において、健康な寿命が一〇年得られたという結果は注目に値しますし、ポジティブな気持ち、考え方、特性の研究にますます関心が高くなることでしょう。

人のよい面や強みについて研究するという心理学は、比較的新しい学問です。長い間、心理学においては心の問題や精神疾患に対する研究が行われ、予防や介入に役立ってきました。そんななか、「ポジティブ心理学」は一九九八年にセリグマン（Martine. P. Seligman）によって提唱され、より良い生き方を考える新しい心理学となっています（https://www.jppanetwork.org/what-is-positivepsychology）。幸福、成功、勇気、楽観性、モチベーション、創造性、レジリエンスなど、元気な生活につながる多様な強みが研究されています。研究で分かったことは、私たちが健康に、幸せに生きるための方法やヒントに役立ちます。

本書で述べている「感謝」は、ポジティブ心理学の重要なテーマになっているものですが、それは、私たちのウェルビーイングや向社会的行動（ほかの人や社会のために役立つ行動）に欠かせないからです。では、ポジティブ心理学では、感謝についてどのような研究がされているのでしょうか〔英文文献42参照〕。

まず、紹介するのが、感謝を「超越性」という美徳（道徳にかなった立派な行い、よい心）のなかに入れている研究です〔英文文献62参照〕。強みとなる精神的な側面を「美徳」として考えたわけです。

世界中のほとんどの文化において普遍的に見られる「美徳（Virtues）」は六つあるそうです。それらの美徳をより具体的に示す二四の「長所（Character Strengths）」を用いて、それぞれを説明していきます。

ポジティブな心の側面を表す六つの美徳は、「知恵と知識」、「勇気」、「愛と人間性」、「正義」、「節度」、「超越性」となります。それを説明している具体的な長所として、たとえば「勇気」には「果敢」、「勤勉」、「誠実性」、そして「熱意」が含まれています。一方、「正義」には、「チームワーク」、「平等・公平」、「リーダーシップ」が含まれています。

ところで、「超越性」とはどういうものなのでしょうか。美徳の一つということですが、「勇気」や「正義」に比べるとあまり耳にしない言葉だと思われます。私なりに考えますと、「超越性」とは、自分を超えたもの、永続性のあるもの（芸術、絆、未来、宇宙など）につながる強みと解釈できそうです。

この「超越性」に含まれている長所としては、以下の五つが挙げられています。

審美心――私は、誰かの素晴らしさに触れると涙が出そうになることがある。

感謝――私はいつも、世話をしてくれる人たちにお礼を言っている。

希望／楽観性――私は、いつも物事のよい面を見ている。

ユーモア／遊戯心――私は、笑わせることで誰かを明るくする機会があることをうれしく思っている。

精神性――私の人生には、はっきりとした目標がある。

感謝を「超越性」で捉えると、限定された環境や体験を超えるものとなりますが、それぞれが生きている環境や体験は、多少の違いがあっても限定されています。では、感謝はそれらの限定をどのように超えるのでしょうか。

感謝の気質と過去の経験における関係を調べた研究者がいます。その結果を見ると、よく感謝する人は、ほかの人よりも恵まれた毎日を送っているわけではなく、日常生活に起こるさまざまなことをポジティブに捉えているということが分かりました［英文文献80参照］。確かに、よいことが毎日もたらされても、感謝するかどうかは人によって違ってきます。しかし、感謝をする人は、日々起こる事象を前向きに捉えて感謝しているのです。

感謝の気質を、ものの見方が前向きであるかどうかという性質で捉えることができます。感謝の気質は、人生満足度、主観的幸福感、バイタリティー、楽観性などとプラスの関係があり、不安やうつ傾向とはマイナスの関係があるということも分かっています。さらに、感謝の気質は、困っている人を慰めたり、助けたりする行為とプラスの関係があります［英文文献51参照］。

要するに、自らの幸福感や健康状態を高めるだけでなく、他者のためになる行動を促すというのです。それは、より良い社会の形成に貢献することになります。

また、他者から感謝を受けることでストレスを大きく減らすということも分かっています［英文文献69参照］。人とのかかわりに、感謝はさまざまな影響を与えているわけです。これらのことを生活に活かしていきたいものです。

「ありがたい」が口癖となっている友人がいます。聞いてもらいたいことなどがあるとすぐさま連絡をし、さまざまなことについて話せるという友人です。

話しているときに、必ず「ありがたいなあ」という相づちが入ります。私のものの見方や捉え方を、その相づちでいつも前向きに方向づけてくれるのです。私としては、この前向きさを促す言葉がけが「感謝の習慣」を育てているように感じています。感謝の習慣ができるとエネルギーが補給されて、その時点よりも先に進むことができます。さらに、思考形態までが前向きに変わっていくようです。

また、ポジティブ心理学の考え方を組織開発の分野に適用した「心理的資本」という考え方を、経営学者のルーサンス（Fred Luthans）が提唱しています。この心理的資本のなかにも「感謝」が入っています［邦文文献34参照］。

ちなみに、「組織開発に重要だ」とされる要素は、「自己効力感」、「楽観性」、「希望」、「レジリエンス」、「創造性」、「フロー」、「マインドフルネス」、「感謝」、「赦し」、「情動知能」、「超越性」、「本来性」、「勇気」という一三のキーワードです。

心理的資本として、感謝がポジティブな組織づくりに役立つというのは、働き方改革が課題となっている現在の日本社会においては重要な提案だと言えます。また、組織づくりは「人間関係づくり」ともなりますから、保育、教育、心理、福祉、産業など、さまざまな分野においても役立つと考えられます。心理的資本は、人格形成や生き方にまでかかわってくるのです。

感謝の心理学

心理学者のロバート・エモンズ（Robert A. Emmons・カリフォルニア大学デイビス校の教授）とマイケル・マッカロー（Michael E. McCullough・カリフォルニア大学サンディエゴ校の教授）は、感謝の効果を調べる実験をたくさん行っています。とくに、一九九八年に行った実験において「感謝の効果」を明らかにしています。感謝を実践すると心理的なウェルビーイングにどのような影響があるのかについて調べた、という実験です。

研究に参加してくれた大学生を三つのグループに分けて、異なる課題に取り組んでもらうという実験を行いました。一つ目のグループは感謝すること、二つ目のグループは面倒なこと、そして三つ目のグループには、出来事またはその影響を毎日書くという課題が与えられました。

各グループとも、課題に当てはまる五つのことを思い浮かべて、一つに対して一文で簡潔に書きました。この実験は、健康と幸福度を週に一回測定しながら一〇週間続きました。

効果検証として、週に一回測った数値を分析し、三グループの参加者がどのように変化したのか比較しました。毎日、感謝することを五つ考えたグループは、ほかのグループに比べて幸福感が二五パーセントも高くなったのです！

具体的には、「人に対して優しくなった」、「よく眠れるようになった」、「より多くの運動をするようになった」、「身体的な不調が減少した」という結果になりました。心理的な変化だけではなく、身体的にも効果が認められたのです。また、身体的、心理的、社会的な分野において、以下に挙げるような、さまざまな感謝の効果も報告されています。

身体的な効能——免疫力が向上する、痛みが軽減する、血圧が低下する、体調が改善する。
心理的効能——ポジティブ感情、楽天性、幸福感が高まる。
社会的効能——他者を助ける、寛容で慈悲深くなる、孤立感や孤独感が軽減する、外向性が向上する、人間関係がよくなる、生産性が高まる。［英文文献25参照］

心理的、身体的な変化に加えて、社会的にもよい変化が多く検証されたという事実は驚くべきことです。人間関係に困難を抱えてしまうと、孤立してしまう、学習や就業に実力が発揮できないなど、日常生活においてさまざまな現象が現れます。もし、その深刻さが増すと、不登校や引きこもりにつながります。それだけに、「感謝の日記」などの活動をすることで社会的な力がつくという結果には注目したいところです。

本書を執筆中、「感謝」に関連する情報が目に付くようになりました。当然と言えば当然ですが、「感謝はハッピーやレジリエンスと関係している」と書かれた論文が紹介されていたのには驚きました〔英文文献48参照〕。私たちが感謝するときには気持ちが前向きになり、前向きな気持ちだとハッピーな気持ちをともない、さらに、そのような気持ちがレジリエンスを高めるというのです。これに関連しますが、同じ時期に、感謝を「究極の前向きな思考」と捉えているオンライン記事（https://www.houonji.com/column/1458/）も見つけています。

そういえば、オーストラリアで行われている「家族のウェルビーイングを向上させる」といった取り組みがあります。その日に思ったこと、疑問に思ったこと、行ったことなどを、家族みんなで日記に書くのです。オーストラリアでは、幸せとレジリエンスを築く素晴らしい方法として進められていました。

ちなみにですが、レジリエンスがある人は物事を前向きに捉えます。たとえば、出合ってしまった困難な出来事を自らが成長する機会として捉え、逞しい力にしているのです。となると、ハッピーやレジリエンスもウェルビーイングの要素となります。つまり、「感謝」はウェルビーイングに関係しているということが、ここでも明らかとなります。

述べてきましたように、感謝の心理学はいろいろな効果を検証しています。なぜ、このような効果が感謝に含まれているのでしょうか。『なぜ稲盛和夫の経営哲学は、人を動かすのか？――脳科学でリーダーに必要な力を解き明かす』（岩崎一郎、クロスメディア・パブリッシング〔インプレス〕二〇一六年）を読んで、思わず納得してしまいました。この本には、「感謝すること」

が脳の活性化を促し、「感謝の気持ちを表す言葉」が相手の脳の活性化を促進する、と書かれていたのです。

また、一一三ページで紹介したエモンズらの研究でも、感謝の効果を脳の働きで説明しています。感謝の気持ちをもつと、「幸福ホルモン」と呼ばれている脳内物質であるセロトニン、オキシトシン、ドーパミン、エンドルフィンなど、脳と身体によい作用を与えるホルモンの分泌が盛んになることを明らかにしています。

さらに、感謝と脳波（α波）の関係を指摘する研究もあります。何も思っていないときの脳画像と、頭のなかで感謝してもらったときの脳画像を比べたようです。その結果はというと、感謝をしている脳ではα波が出ているそうです。非常に薄いα波がたくさん出て、非常にリラックスした気持ちになるということです［英文文献26参照］。

この論文を読んだあと、思わずウキペディアで「α波」について調べてみました。そこには、「α波はヒトをはじめとする動物の脳が発生する電気的信号（脳波）のうち、8～13Hz成分のことをさす」と書かれていました。素人の解釈ですが、心が落ち着いた状態になるとα波が発生するので、感謝について考えると私たちの脳は「気持ちが落ち着いている」と判断するようです。

一方、感謝は道徳的認知、価値判断、心の理論などに関連する脳領域と関係していることから［英文文献29参照］、感謝することによって人生に対する認知的な変化や価値観の変容が生じるとも考えられます〔邦文文献34参照〕。感謝の効果を脳に関係づけて説明しているところは同じですが、脳のホルモンや脳波で説明するのではなく（関係するとは思うのですが）、「考えが変化するから」という説明となっています。

ここで、思い出したことがあります。「感謝の日記」の研究で著名な心理学者エモンズ博士は、「感謝を育てる」と表現していました〔邦文文献53参照〕。考えの変化は、育てるものなのかもしれません。

私たちが行ったＷＥダイアリーの実践では、「ありがとうを見つける」と言っていました。ＷＥダイアリーを書いている小学生のお母さんが、「毎日ありがとうを見つけるのはとってもいいようです」と子どもの様子を話してくれたことがあり、それ以来、この表現が気に入って、よく使うようになりました。

「見つける」と「育てる」は、言うまでもなく違った意味をもちますが、「ありがとうを見つける力を育てている」と考えると同じことなのかな、と思っています。

最後に、小学生や中・高生を対象にした感謝の研究結果を紹介しましょう。ハーバード大学の心理学研究者のティム・ロマス（Tim Lomas）らは、気分の落ち込みや不安が減少し、ウェルビーイングが向上するほか、学校の成績がよくなると報告しています〔英文文献49参照〕。このほかにも、感謝について教えることはすべての年齢の子どもの幸せと健康に効果がある、とする研究もあります［英文文献15参照］。

前述したように、感謝を教える方法は、WEダイアリーのような「感謝の日記」のほかにも、感謝を数える、感謝の手紙を書く、感謝を人に直接告げるなど、さまざまな活動があります。年齢や子どもの好み、指導のしやすさなど、状況に応じて選んでください。どのくらい続けるのがいいのかという時間や頻度については、まだ一致した研究結果がありませんので、まずは現実的にできることを計画し、実行していただきたいです。

参考までに、定期的に行っている子どもには、次のような効果が見られたそうです。

・感情コントロールスキルが身につく。
・問題行動が減少する。
・自己肯定感が上がる。
・睡眠の質が上がる。
・感情的、心理的レジリエンスが向上する。
・メンタルヘルスにかかる率が減少する。
・安定したよい人間関係をつくる。
・オープンマインドになる。［英文文献44・9参照］

心理学の研究においては、成人に対する研究よりも、部分的とはいえ子どもに対する効果が検証されています。成人とどのような違いがあるのか、発達段階における効果的な方法があるのか、どのような問題の予防になるのかなど、今後、研究が進むことによって明らかにされることでしょう。

神経心理学

神経心理学は、人の心の働きと脳の関連を調べる学問です。心の働きには、私たちの認知、行動、感情、思考、さらに自我意識や社会性などがあります。感謝は、どのような心の働きになるのでしょうか。研究者は、感情、性格の特徴、道徳的美徳など、さまざまな捉え方をしています［英文文献28参照］。

実は、脳画像で脳の働きを調べる技術が発達したことで、神経心理学的に感謝を明らかにしようとする研究が行われています。その一つですが、感謝と脳機能の関連を調べた研究［英文文献29参照］で分かったことを参考にして、感謝することは、どのような心の働きなのかについて考えたいと思います。

この研究を行った研究者たちは、「道徳心（moral cognition）」、「価値判断（value judgment）」、「心の理論（theory of mind）」に関係する脳機能が見られると予想しました。それを確かめるための方法は、感謝の気持ちを誘導するドキュメンタリーを見た研究参加者に、同じ状況において、どのような気持ちになるのかと想像してもらうというものでした。その状態で、一人ひとりの脳画像を撮ったわけです。

ドキュメンタリーでは、ホロコーストのサバイバーたちが、生き残る過程で受けた人々の善意について話している映像が写し出されます。まったく知らない人に匿ってもらった、食べ物や衣服をもらったなどの体験を、深い感謝を込めて語っています。

動画を鑑賞した人たちは、その状況にいる自らを想像し、共感しました。撮影した脳画像を見ると、前帯状皮質《ぜんたいじょう》（the anterior cingulate cortex）と前頭前皮質《ぜんとうぜん》（medial prefrontal cortex）が活発になっていることが分かりました。つまり、この二つの脳機能が働いたということです。

ちなみに、前帯状皮質は以下の三つの領域に分類されます。

❶行動モニタリングと行動調節の働き。
❷社会的認知の機能。
❸情動の機能に関係する。（脳科学辞典編集委員会『脳科学辞典』日本神経科学学会、オンライン百科事典参照）

つまり、感謝は、行動をモニターして調整する、報酬の予測や意思決定を行う、そして共感や感情にかかわるといったことが分かったのです。

もう一つ活発になった前頭前皮質には、自分がイメージしているゴールに向かって、考えや行動を編成する、人の個性を決定する、社会的に求められるように行動を調節する、という機能があります（https://ja.wikipedia.org/wiki/）。よって、複雑な社会生活を過ごすなかでどのように考えて行動するのか、社会的な場面において適切な行動ができるのかなど、社会生活に必要な活動を司っています。

以上をまとめると、感謝は以下のような脳機能と関係していることになります。

・行動をモニターする。
・モニターした行動を調整する。
・どのようなお返しがあるかと予想する。
・どうするのかを決める。
・その過程で、共感したり、いろいろな感情を体験したりする。
・目標を達成するために考え、行動する。
・自分らしさをつくる。
・周りの人に受け入れられるように行動する。

ここで紹介した研究では、感謝は道徳心（moral cognition）とポジティブな感情（positive emotion）につながることが明らかになったと述べられています。要するに、感謝によって、「よい行いをしようとする考え」と「積極的で肯定的な感情」が生まれるというのです。人の善意に感謝するとその人にお礼を言う、ほかの人に善意を示そうとする、といった社会的によいとされる行動につながります。「ありがたい」と思うと、温かい気持ち、励まされているような前向きな気持ちになることが脳画像で示されたのです。

さらに、「感謝は、さまざまな脳機能に働きかける」という報告もあります〔英文文献25参照〕。感謝の気持ちが身体的ウェルビーイングに及ぼす影響を調べた研究です。「感謝の日記」をつけているグループの一六パーセントが、痛みの症状が軽減し、仕事や治療協力に積極的になったそうです。その原因をさらに調べてみると、感謝はドーパミンのレベルを調整して元気なエネルギーを与えるため、主観的な痛みの感情を軽減すると分かったのです。

また、慢性痛を患っている患者の脳活動を調べた研究では，痛みは扁桃体の活動と関係することが報告されています。扁桃体以外にも痛みと関係する脳機能はあると思いますが、考えや注意をトレーニングして、痛みを減らす心理療法が成果を上げているようです〔英文文献78参照〕。

痛みは、身体的ウェルビーイングだけでなく、心理的、社会的ウェルビーイングにもダメージを与えます。感謝は、痛みの心理療法としても効果が期待できるのではないでしょうか。

図４－１　感謝と脳機能

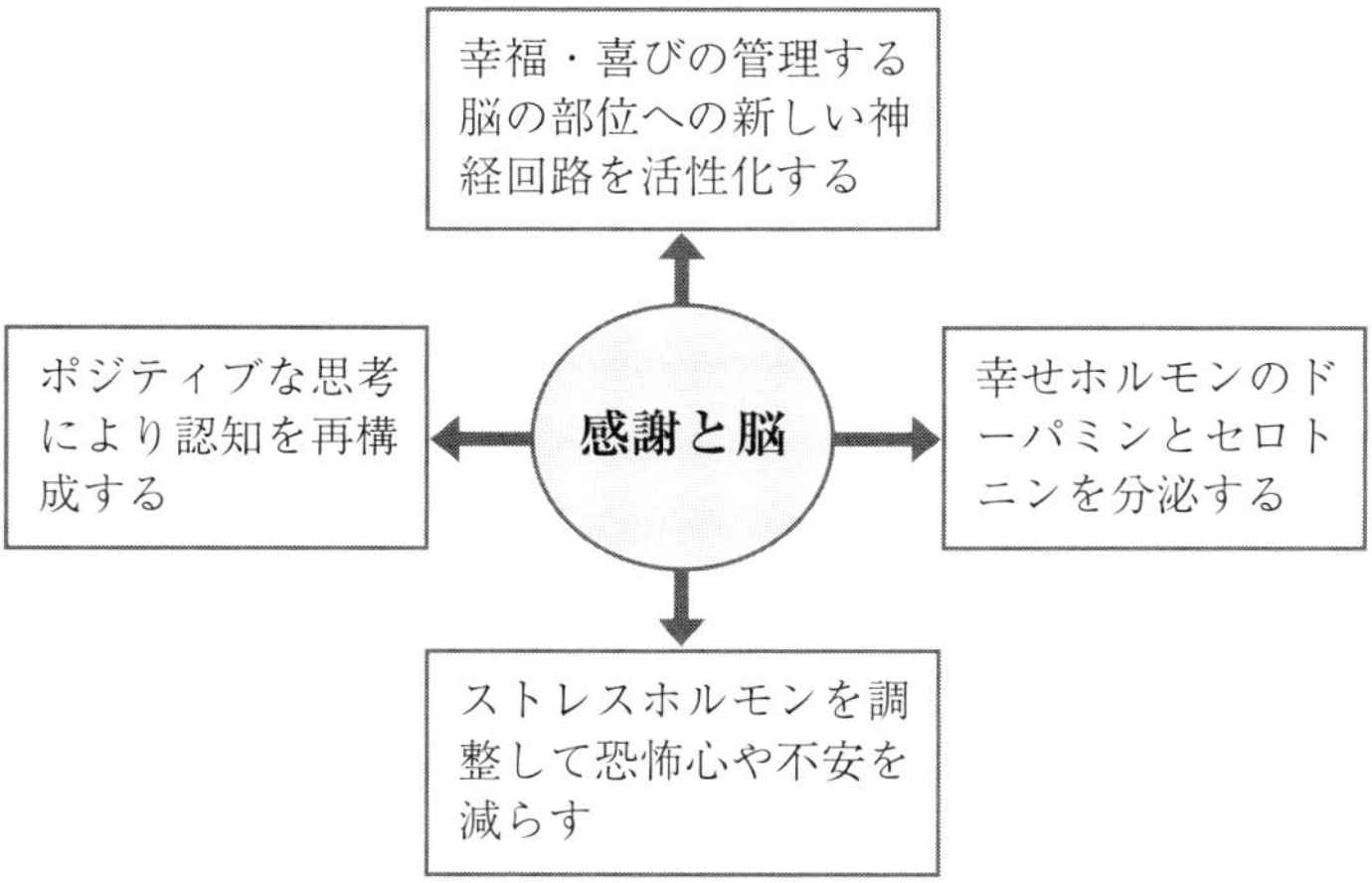

出典：［英文文献15］。

感謝する心は、視床下部（体温調節やストレス応答、摂食行動や睡眠覚醒など多様な生理機能の調節をする）に働きかけ、深くて健康的な睡眠ができるようになります。感謝とポジティブ感情で満たされた脳は、ぐっすり眠り、毎朝すっきりと、元気な気持ちで目覚めることを可能にします［英文文献86参照］。

睡眠の大切さは共有されていますし、ウェルビーイングにつながるものです。そういえば、睡眠がウェルビーイングに与える影響について興味深い報告があります。睡眠のポジティブな変化は、「心理的なウェルビーイング向上を目指して設計された、メンタルヘルスの専門家による八か月間のマインドフルネスに基づく認知療法プログラム」［英文文献75参照］の効果に相当するというのです。感謝は、睡眠の問題に対応する心理療法にも有効かもしれません。

それにしても、感謝を神経心理学や脳科学で解き明かそうとする研究が予想以上に多く、それぞれが感謝の働きを報告しています。感謝における多様な効果が注目された結果、「どうしてそうなるのか」というメカニズムについて関心が集まっているようです。

社会心理学

感謝は、社会的な側面から社会的に働く感情であると言えます。社会心理学では、感謝は自分が他者にしてもらったこと、他者が自分にしてくれたことの認識と結び付いていると考えられています〔英文文献27参照〕。ですから、感謝は、社会的絆を築き、維持することを目標とする感情であり〔英文文献3参照〕、将来的に向社会的反応を強化するので〔英文文献52参照〕、「社会生活には欠かせない働きをしている」と社会心理学者は考えています。

ここでは、感謝を、社会的な働きをする感情として考えてみます。

さまざまな感情のなかでも、感謝はサポーティブな人間関係を形成・維持・拡散するために重要とされる感情である、として研究が行われています。感謝は、私たちが人と関係をつくるのを助けます〔英文文献3参照〕。また、「あなたと私はいい関係にありますよ」というサインを送ります〔英文文献71参照〕。言うなれば、社会的な立ち位置を保ち、人から恩恵を受けたと周囲に伝え、お礼をその人やほかの人に返し、その後の向社会的行動の動機づけにつなげるわけです［英文文献52参照］。

このような機能をもつため、生存に関係する恐れや怒りのような「基礎的感情」に対して、対人関係の影響が大きい感情は「社会的感情」と呼ばれています［邦文文献６参照］。他者とのかかわりのなかで生じる共感や尊敬、罪悪感や恥なども社会的感情です。社会的感情が生まれるには、他者が心をもっていると認識すること、つまり「心の理論」をもつことが必要になります。

たとえば、「心の理論」に基づいて、その人の気持ちに共感する、つまり自分のことのように感じることができるわけです。共感は、人を理解する役割があり、よい関係づくりに役立つポジティブな感情と捉えられています。それに対して、嫉妬や妬みはネガティブな社会的感情だと考えられます。

しかし、すべての感情は私たちを表す心の動きであるわけですから、ネガティブな感情も、対人関係においてより良い形成につなげることができると思います。たとえば、羨む感情である羨望は、他者の何かが羨ましいと感じる心です。

羨望しているという気づきを前向きに受け止めるならば、その何かを自分も取得したいという行動に移せますし、その際、羨望の対象人物はロールモデルとなります。一方、「自分には必要ない」と対応する場合は、その人との間にある軋轢の解消が期待できます。

人間関係のなかで生じる社会的感情は、対人関係性を考えたり、修正したりする働きをするように思えます。前述したように、脳機能の研究から提唱した感謝の機能である「道徳（moral cognition)」、「価値判断（value judgment)」、「心の理論（theory of mind)」は、広い意味で社会的感情による機能と言えます。

なお、社会的感情のなかで、期待にこたえたい欲求と関係する感情である「誇り」、「罪悪感」、「羨み・賞賛」、「哀れみ」については、学習された社会的ルールを適応することによって生じる感情と考えて、「道徳的感情」とする研究者もいます〔邦文文献27参照〕。

たとえば、自分の行いを「良い、悪い」と判断すると「自己満足感」や「自責」、他者の行動を「良い、悪い」と判断すると「賞賛」や「憤りを覚える」などといった道徳的な判断には強い感情をともないます。ですから、このような感情は、道徳的な判断をしたあとの行動の動機づけとなります。つまり、道徳的な感情は社会的な感情と認知的な感情に基づくものですから、社会的発達と認知的発達が成熟して発揮されると考えられます。したがって、適切な発達と経験によって育まれた社会的な感情と認知的な感情が備わっていることが道徳的な感情獲得のために必要とされる条件となります。

この理論に沿って考えると、感謝には社会的な発達と認知的な発達が必要になり、発達段階によって感謝の機能は変化していくと考えられます。発達するものとして考えると、感謝するという活動は、社会的、認知的な発達に役立つ大変意味のあるものとなります。

3 チェックリストの心理学的な効果

「気持ちのチェックリスト」の理論的な背景と効果

先に述べたように、WEダイアリーには、「ありがとうのシート」以外に「気持ちのチェックリスト」、「生活チェックリスト」、「リラックスチェックリスト」（六～八ページ参照）が含まれています。これらのチェックリストに取り組むと、どうしてよい効果が見込めるのでしょうか。改めて、詳しく見ていくことにします。まずは「気持ちのチェックリスト」について、その理論的な背景を見ていきます。

このチェックリストは、子どもが日々の感情を自覚し、ポジティブな感情だけでなく、ネガティブな感情も適切に認識して表現することを目的としています。日々の感情を振り返り、認識することで、子どもたちは自分自身の内面をより深く理解し、心の健康を維持するための基盤を築きます。

ポジティブな感情に気づくことは、そのポジティブな感情をもたらした原因や関連する要因に対して感謝の気持ちを抱くきっかけになると考えられます。そして、ネガティブな感情に気づいていなければ、当然ながら、表現して誰かに相談することや、その気持ちと上手に付き合うといった対策をとることもできません。

もし、「不安」、「うつ」、「怒り」といったネガティブな感情を誰かに伝えるといった方法で表現する、つまり外に出す機会が日常的に不足していると、心のストレスが蓄積する恐れがあります。ストレスが蓄積されると、ネガティブな感情が爆発してしまい、不適切な行動として表現される可能性が高まります。

一例としては、自傷行為や、他者に対する暴力、破壊行動などが挙げられます。これらの行動をとったあと、当事者はしばしば後悔し、さらなるストレスがたまるという悪循環に陥る場合があります。したがって、ネガティブな感情であっても、それをため込まずに適切に表現することが非常に重要となります。こうした感情を日常的に認識し、健康的な形で解放することが、心の安定と健康につながるといった理解の教育が必要となります。

「気持ちのチェックリスト」を通じて子どもたちは、自分自身の感情を意識して認識するという習慣が身につきます。また、これは、自分の感情をシンプルに表現するという機会も提供します。「気持ちのチェックリスト」に記入して自分の気持ちに気づけば、健康的な感情の表現方法を学び、それを生活場面で実践する力が得られるようになります。

その結果、子どもたちは感謝の気持ちを抱いたり、自己調整能力を高めることでストレスや心理的な負荷に対処するための有効な戦略を身につけていきます。

「生活チェックリスト」の理論的な背景と効果

「生活チェックリスト」は、身体の健康だけではなく、子どもの心の健康とウェルビーイングにも深くかかわってくる重要なツールです。一見すると、生活習慣は身体の健康に影響を与えるものと考えられていますが、実際には心と身体は密接に結び付いており、お互いに強く影響しあう関係にあります。簡単にいえば、身体が健康であれば心の健康も向上し、身体のケアが不十分な場合は心の健康が損なわれるということです。

そのため、身体の健康を維持することは、ウェルビーイングを高めるための基盤となります。さらに、ストレスがたまるような出来事があった場合でも、適切なケアを行い、レジリエンスを発揮することで日常生活に戻る力を高めます。

ＷＥダイアリーの「生活チェックリスト」では、とくに「睡眠」、「食事」、「水分補給」、「運動」、そして「自分の得意なことができたか」に焦点を当てています。これらの生活習慣は、子どもの心身の健康をサポートし、ウェルビーイングを促進するために不可欠なものです。

ご存じのように睡眠は、人間の健康とウェルビーイングにとって極めて重要な役割を果たしています。年齢によって適切とされる睡眠時間は異なりますが、一般的な目安として、一〇歳までは八~九時間、一五歳で約八時間、二五歳で約七時間、四五歳で約六・五時間、六五歳で約六時間が理想とされています〔英文文献34参照〕。

睡眠不足は、身体的な疲労やダルさだけでなく、心のストレスを増大させる原因となります。十分な睡眠をとらないと脳の機能が低下し、普段は感じないようなストレスや不安感が増幅される場合があります。また、睡眠中には脳から「老廃物」が洗い流されることが明らかになっていますので、睡眠不足は脳の機能を阻害し、脳細胞の破壊を引き起こす可能性もあります〔英文文献63参照〕。

さらに、睡眠不足は学習や記憶にも悪影響を与えます。十分な睡眠をとらないと、脳が情報を処理し、長期記憶に移す能力が低下します。そのため、睡眠不足の状態では、「感謝の日記」などの学習活動も効果的に行うことが難しくなります。

睡眠を改善するための方法がいくつかあります。たとえば、寝る前の数時間はブルーライトを避けることが重要です。ブルーライトは睡眠を妨げますので、スマートフォンやテレビなどの画面を見る時間を減らせばいいでしょう。また、寝る前にお風呂に入るなどして、身体を温めることも質の高い睡眠を促進するためには有効となります。

睡眠周期についても理解する必要があります。人間の脳は、数時間おきに眠くなるように設計されています。そのため、眠くなる時間を逃さずに就寝することが重要です。毎日の睡眠サイクルを意識し、規則正しい睡眠環境を整えれば、より質の高い睡眠をとることができます。

言うまでもなく、食事も心の健康を維持するうえで重要な要素となります。理想的には、毎日三食、栄養バランスがとれた食事をしたいところです。しかし、現実には、バランスの取れた食事をとることが難しい場合もあります。そのような場合でも、何とかして三食をしっかりと食べることが重要となります。

とくに朝食は、一日のエネルギーを補充し、身体と心の準備を整えるために非常に重要です。朝食を抜いてしまうと、必要とされる栄養素の摂取ができず、エネルギーが不足してしまいます。その結果、身体と心にストレスがかかりやすくなります［英文文献85参照］。

朝食をとることで身体が活動をはじめる準備が整い、心の安定にもつながるわけですが、その際、栄養価の高い食材を選ぶことが重要となります。たとえば、フルーツジュースや牛乳、フルーツやヨーグルトなど、栄養価が高く、身体に必要とされるエネルギーと栄養素が補給できる食材を選ぶようにしてください。

仮に朝食をとる習慣がない人でも、これらの食材を摂取すれば、少なくとも身体に必要な栄養を補給することになりますので、まずはフルーツジュースとヨーグルトといった簡単な朝食からはじめて、習慣化するように努めてください。

水分補給は、食事や睡眠などに比べると、その重要性が見過ごされがちとなっていますが、心と身体のストレスに非常に重要な役割を果たしています。水分補給量の目安としては、食事からの水分補給を含めて、体重一キロにつき、乳児では一五〇ml、幼児では一〇〇ml、学童では八〇ml、成人では五〇mlの水分が一日に必要とされています。人間の脳や身体の器官は、血液濃度の変化に非常に敏感です。たった一パーセントの血液濃度の変化でも、脳や身体の器官に影響を及ぼし、不安やうつの症状を引き起こす可能性があるのです。

水分が不足すると血液濃度が上昇し、その血液を循環させるために心臓が余分なエネルギーを消費しますので、疲労感が増大します。また、脳や身体への栄養や酸素の供給までが不足しますので、脳と身体の機能不全といったリスクが高まります。さらに、食欲の低下につながる可能性もあります［英文文献87参照］。

冬場、エアコンを使って室内が乾燥するような状況では、とくに水分補給に留意する必要があります。水分の補給をすると喉の渇きはすぐに解消されますが、血液中への水分供給には数十分かかることをふまえておいてください。

喉の渇きを満たすためには冷たい飲み物が効果的ですので、冷蔵庫に常備されるといいでしょう。もし、水分補給が難しいといった場合でも、意識さえすれば、毎日少なくともコップ一杯の水を飲むことはできるはずです。たったコップ一杯の水が、ウェルビーイングによい影響をもたらすということを忘れないでください。

運動も同じく、心と身体のストレスに重要な役割を果たしています。理想的な運動量は、一日に三〇分、週に五回とされています。定期的な運動によって体力が向上し、その結果として、心と身体のストレスが軽減されます［英文文献11参照］。

さまざまな研究によって、運動は成長ホルモンの分泌を促進するほか、子どもの身体と脳の健康的な成長に不可欠であることが明らかになっています。脳の発達と学習にも影響を与える運動の習慣を身につければメタ認知が向上し、ＷＥダイアリーをつける際にも役立ちます。

運動といっても、激しい運動をする必要はありません。研究によると、横になっている時間を減らし、何らかの形で身体を動かす時間を増やすだけでも、ストレス減少によい影響を与えることが分かっています［英文文献13参照］。

もし、運動不足だと感じられる場合は、まずは座っている時間を減らし、毎日ではなくても、週に一度でも、散歩など取り組みやすい運動を心がけましょう。少しずつ、負担にならない形で運動習慣をつくるようにしてください。

また、得意なことを楽しむという習慣も、心のストレスを解消する重要な手段となります。日々の生活でたまるストレスを発散させることができるからです。さらに、これが習慣化されると、次第に自信と自己肯定感が向上し、ウェルビーイングにもよい影響を与えます。

子どもの個性に応じて楽しめる活動はたくさんあります。スポーツ、歌、ダンス、絵画、手工芸、料理などがその例となりますが、それ以外にも多くの活動があります。子ども自身が得意な活動を知り、それに取り組めるようにアドバイスをしてください。もし、子ども自身が得意なことが見つけられない場合は、周りにいる大人がその手助けをする必要があります。普段から子どもの様子をよく観察して得意なことを発見して、その活動を促してください。

「リラックスチェックリスト」の理論的な背景と効果

「リラックスチェックリスト」についてはどうでしょうか。前述したように、心と身体は密接に関連しており、身体のリラックスは心のリラックスにつながり、身体のストレスは心のストレスにつながります。

このチェックリストには、「呼吸法」、「筋肉弛緩法」、「瞑想」に加え、「お風呂でゆっくりと温まる」、「音楽を聴く・絵を描く・友人と話す・好きな遊びをする・お気に入りの場所でのんびりする」などの方法がリストアップされています。それぞれについて、簡単に説明をしておきましょう。

呼吸法は、とくに下腹部を使って、しっかりと深く呼吸をする「腹式呼吸」を意味しています。心のストレスがたまると身体の筋肉が緊張し、浅くて速い呼吸になりがちです。このような状態だとさらなる心のストレスを引き起こし、不安感などといったネガティブな感情につながります［英文文献66参照］。だから、腹式呼吸を行って呼吸のリズムを整えることは、心と身体のリラックスに効果的な方法となるのです。

筋肉弛緩法は、全身の部位ごとに力を入れて筋肉を緊張させ、その後、脱力させるという方法です。この方法を使えば身体の筋肉をリラックスさせることができますし、それが心のリラックスにつながります。心理療法において、古くからよく用いられている方法です［英文文献33参照］。

瞑想は、呼吸法と組み合わせて行います。呼吸や身体の動きなどに意識を集中させることで、起こってしまった「過去」やまだ何も起こってもいない「未来」を危惧するといったネガティブなネガティブな感情や思考から離れ、「今、ここに注意を向ける」という方法です。言うまでもなく、これもリラックスする際には効果的な方法となっています。

一〇分以上湯船に浸かり、身体を温める入浴は、心と身体のストレスを軽減するために効果的です［英文文献40参照］。大人と同じく、子どもの生活も忙しくなり、毎日短時間のシャワーですませるといったことが多いかもしれません。毎日でなくても、とくに「ストレスがたまったな」と思われるときは、ゆっくりと湯船に浸かって、身体を温める時間をもつことが重要となります。

最後の、「音楽を聴く」、「絵を描く」、「友だちと話す」、「好きな遊びをする」、「お気に入りの場所でのんびりする」といった活動も、心と身体のリラックスにつながる重要な手段となります。

すべての活動を頻繁に行う必要はありませんが、これらの活動がリラックスにつながることを認識し、ストレスが多いと感じるときには取り組んでください。

ここで紹介した方法を行う場合に重要となることが一つあります。大人の場合は、気づいた際に行えますが、子どもの場合は、仮にストレスを感じていたとしても口には出さないものです。というか、その実感さえもっていないかもしれません。それだけに、周囲の大人（教師や保護者）が普段からしっかりと観察しておく必要があります。

もし、ストレスを感じている子どもに何だかの強制をしてしまうと、想像を超える反応をしてしまうことがあります。「疲れていそうだなー」と感じる子どもには、「保健室に行って休もう」とか、ある活動に集中していない子どもがおれば、「別のことをする?」といった声かけをしてください。このような声掛けや配慮が、子どものウェルビーイングにつながります。

第5章

日本文化をふまえた感謝の意義と難しさ

オーストラリアのスクールカウンセラーの部屋で

1 感謝と負債感

他者から親切な行為を受けたとき、感謝と同時に「**負債感**（心理的負債）」が喚起することが分かっています［英文文献31参照］。負債感とは、「お返しをしなければいけない」という、「重荷」のような、どちらかというとネガティブな感情です。

他者から親切を受けたときには、一般的には自分の利益と他者のコストが認識されます。これらを認識することで負債感を感じるわけですが、日本人は、他国の人に比べるとより強い負債感を感じるようです［英文文献35・54参照］。つまり、日本では他者から親切を受けた際に感謝といったポジティブな感情も感じるとともに、強くネガティブな感情を同時に感じてしまうということです。

落とし物を拾ってもらったとき、エレベーターのドアを開けておいてもらったときなど、日本では「ありがとう」ではなく「すみません」と言うことが少なくありません。これは、他者のコストを強く認識するがゆえであると考えられます。

2 人助けの少なさと「おもてなし」

日本は「親切な国」とか「おもてなしの国」と言われることがあります。しかし、「人助け指数」のランキングである「World Giving Index 2023」〔英文文献12〕では、日本は一四二か国中一三九位と最下位に近い順位となっています。これは、「寄付をしたか？」、「ボランティア活動をしたか？」、「見知らぬ人を助けたか？」という三つの項目に対する回答から順位がつけられたものです。

日本は、寄付については一六パーセントで一二〇位、ボランティア活動については一七パーセントで九八位、そして、見知らぬ人を助けたかについては二一パーセントで最下位となっています。

親切な国、おもてなしの国と言われている日本で、どうして「人助け指数」がこれほど低くなってしまうのでしょうか。視点を変えれば、「親切な国、おもてなしの国だからこそ」と考えることもできます。

日本人は積極的に人助けをすることは少ないとしても、他者に迷惑をかけないようにしようという思いを強くもっています。事実、日本の親は、子どもに他者に迷惑をかけないように育ってほしいという期待が比較的強く〔邦文文献39参照〕、多くの日本人がその期待を内在化していると言えます。

次のように考えることができます。

日本では、他者から親切を受けたときに感謝とともにネガティブな感情を抱きます。そして、他者に対して親切にしたときには、「負債感」や「すまなさ」といったネガティブな感情を抱かせてしまうのではないかと想像がおよびます。ネガティブな感情を抱かせてしまうという「迷惑」をかけないために、親切な行為もあえてしないようにする、と考えられます。

このため日本では、積極的に親切な行動をとらないで、相手が親切を求めなくてもすむように、先回りした「おもてなし」を行っているのです。日本のほとんどの駅ではエレベーターが設置されていますが、海外では主要な駅でもエレベーターがないことがあります。それでも、周囲の人の親切によって困っている人は救われています。

一方で、日本では困ってしまった人が、他者から親切を受け、負債感やすまなさを感じてしまうことがないように、あらかじめ不便を感じないようにしているわけです。「言われる前に相手が望むことをする」のがおもてなしであると言われますが、つまりは相手に〝負債感を感じさせてしまったという申し訳なさ〟を感じないための先回りと考えることができます。このように考えると日本が人助けをしない国であるということと、親切な国、おもてなしの国であるということは矛盾しません。

3 負債感をできるだけ避けるがゆえの孤独

矛盾はないと言いつつも、現状のままでは、「感謝する」という機会が非常に少なくなってしまいます。いくら不便を感じることがないようにされている日本でも、これまでは日常生活において親切にしてもらうといった場面がたくさんありました。たとえば、各地域における助け合い活動であったり、買い物の際の店員さんとの関わりといったものです。

しかし近年では、このようなかかわりも少なくなっています。地域での助け合い活動は減少していますし、デジタル化が進んだことで買い物はインターネットで行い、お店に行っても、タブレットで注文して自動精算機で会計をすませるといった場合が多くなっています。インターネットショッピングやファミリーレストランを利用されている人であれば、実感されるでしょう。

実際には、不便がないような便利な環境なのであれば、その環境を用意し維持している人がいるわけですし、お店で機械に対応してもらったのであれば、そのような機械を準備し維持している人がいるわけです。つまりは、機械に対応してもらったとしても、結局は人の手によって恩恵を受けているわけではありますが、誰かに助けてもらったということを意識しにくいので、負債感や申し訳なさを感じることは避けられます。サービスを提供する側としても、「負債感を感じさせてしまったという申し訳なさ」を感じずにすみます。このような生活のあり方は、どんどんと感謝を感じる機会を減らしているのではないでしょうか。しかしながら、誰からも助けてもらっていない、誰のことも助けていないというわけではなく、助ける、助けられるという関係が機械やサービスの陰に隠れて見えにくくなっているだけなのです。

直接的な助け合いを減らした結果、人とのつながりである「社会関係資本」のランキングにおいても日本は、一六七か国中一四一位となっています〔英文文献46参照〕。このランキングは、以下の三領域（一二項目）から構成される「レガタム繁栄指数」①の一部です。

①**共生社会**──安全・治安、個人の自由、統治、社会関係資本
②**経済の開放性**──投資環境、起業しやすさ、市場インフラ、経済的な質
③**人々のエンパワーメント**──住環境、健康、教育、自然環境

「社会関係資本」以外の一一項目では、いずれも三〇位以内に収まっており、総合ランキングでも一六位となっています。つまり、「社会関係資本」の低さが際立っているということです。

より具体的な課題は、高齢者の生活や意識についての国際比較から見ることができます。アメリカ、ドイツ、スウェーデンを含む四か国比較において、日本の高齢者は、同居の家族以外で頼

れる人として「友人」や「近所の人」を選ぶ人が少なく〔邦文文献27参照〕、とくに単身高齢者においては、四人に一人が「他人との会話がほとんどない」となっています〔邦文文献36参照〕。この現状は、他の三か国のおよそ二倍の割合となっています。

日本では、負債感や申し訳なさをあまり感じない家族にだけ頼るという関係性になってしまっており、その結果、家族に頼れない単身世帯（とくに男性）や一人親世帯では孤立する傾向が強く見られます。

参考までに述べますと、「日常のちょっとしたことに対して頼れる人がいない」とする人の割合は、高齢単身男性で三三・六パーセント、非高齢単身男性で四五・七パーセント、一人親世帯で二二・八パーセントとなっています〔邦文文献18参照〕。

4　自己責任と負債感

近年では「自己責任」ということが強調されており、他者に親切にしてもらう、助けてもらうことに対する負債感やすまなさがますます強まっているように思われます。また、自己責任とは

（1）　イギリスのシンクタンク「レガタム研究所（Legatum Institute）」が発表している「繁栄指数」のことです。

言い切れないものについても自己責任であると捉えてしまう傾向が、他国と比較して日本では強いと示されています。

たとえば、新型コロナウイルスへの感染について、アメリカ、イギリス、イタリア、中国と比較した場合、日本においては「自業自得である」と考える傾向が顕著に高いと示されています〔英文文献53参照〕。

自らの困難や苦境について、それは自業自得で生じたことであり、自己責任において対処しなければならないと考えるのであれば、当然ながら、他者に頼ることについては「負い目」や「負債感」を感じることになります。その結果として、助けを控えるようになります。

また、他者の困難や苦境についても自業自得、自己責任であると考えるのであれば、進んで援助しようとは思わないでしょう。自己責任論の拡がりは、日本における援助の機会、感謝の機会をますます小さくしていくことになると考えられます。

5 日本文化をふまえたWEダイアリーの意義

このような背景があるからこそ、現在の日本において、感謝する機会を意図的に設けるという活動には意味があると考えられます。ここまで述べてきたように、日本では互いに助ける、助けてもらうという関係を見えないようにし、感謝される機会、感謝する機会を少なくしているといった状況がうかがえます。それゆえ、あえて毎日感謝の対象を探して記すという行為は、見えにくくなってしまっている感謝の対象に気づくという機会ともなります。「おもてなし」の結果、不便さをあまり感じることなく生活をし、まるで誰からも助けてもらうことなく日常を送っているように思ってしまうわけですが、改めて思い返せば、さまざまな人に助けられているという事実に気づくはずです。

とはいえ、負債感を強く感じるがゆえの難しさも考えられます。繰り返し述べてきたように、感謝する際に負債感やすまなさを感じてしまうということです。このようなネガティブな感情が感謝というポジティブな感情よりも強く感じられてしまう場合は、「感謝の日記」を継続することが難しくなってしまうかもしれません。

このようにならないためにも、「他者に助けてもらっている」と気づくと同時に、「他者を助けている」ということにも気づく必要があると思われます。

言い尽くされている言葉ですが、「人は、一人では生きていけません」。そのことを再確認すれば、現代のように機械化された社会においても、人に助けられ、人を助けているという関係性への意識が高まるのではないでしょうか。

第6章

実践例の紹介

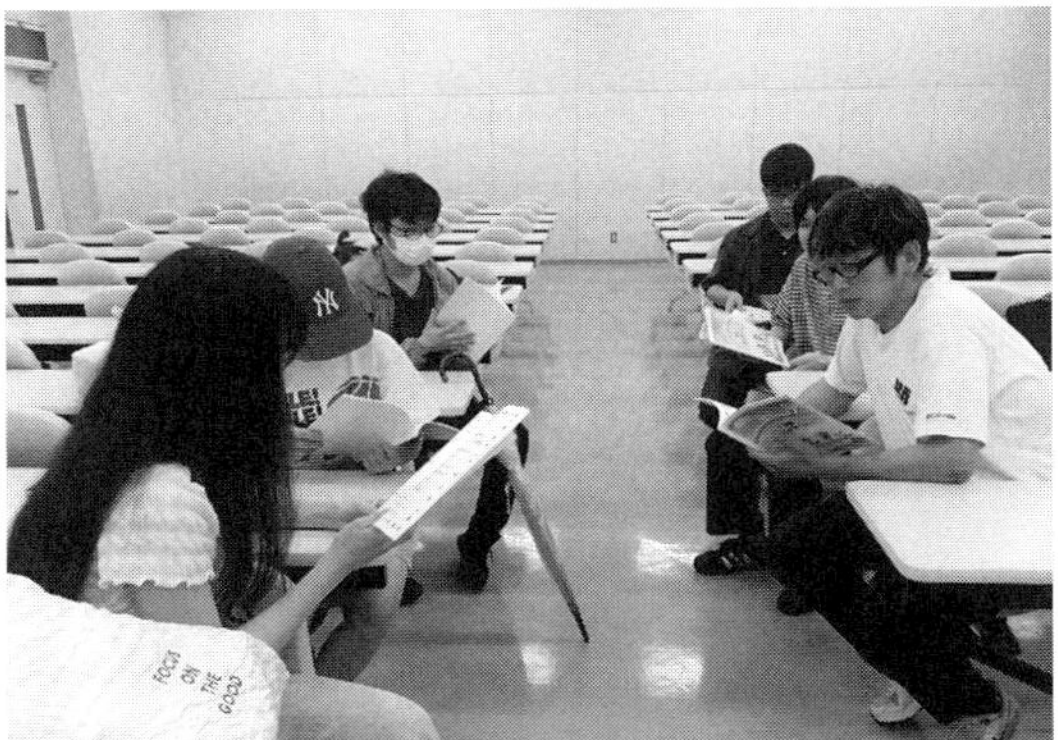

大学生がＷＥダイアリーに取り組む

1 小学校におけるWEダイアリー

和歌山県の「神島《かしま》」という島をご存じでしょうか。温泉地として全国的にも有名な「白浜」の北側、和歌山県田辺市の沖合、太平洋に浮かぶ小さな無人島です。島を覆っている照葉樹林に「神が住む」と信じられ、いにしえより「神の島」として崇められてきました。生物学上、貴重とされる珍しい植物が繁茂していたことから、博物学者・南方熊楠《みなかたくまぐす》（一八六七〜一九四一）が生物の宝庫としてこよなく愛し、国の天然記念物にも指定されています。一九二九年には昭和天皇が神島に来島され、南方熊楠が島を案内し、粘菌や海中生物について標本を見せながら説明をしています。

このような島を校区内にもつ田辺市立新庄第二小学校では、六年生と一年生、二年生が「WEダイアリー」に取り組みました。ここでは、私が担任をしていた六年生の実践と、一・二年生の担任教師から受けた報告をもとにして紹介していきます。

最近の小学生は、習い事などで忙しい日々を送っているように思えます。安全面を配慮して集団による登下校が進められていますので、昔のように放課後、学校に残る子どもたちはいません。さらに、教職員の勤務時間の見直しなどがあり、下校時間が早くなっています。

かつては、小学校での「朝の会」や「終わりの会」などに十分時間をかけていました。教師の心得として、登校時や下校時の様子を把握することが学級経営をしていくうえにおいてとても大切なことでした。

朝の会で丁寧な健康観察をすれば、「体調が悪いな」とか「朝から怒られてきたのかな」などが分かり、子どもたちへのかかわり方が定まります。また、終わりの会では、「帰りの歌」などを歌っているときの様子を見て、楽しく帰れるのか、それとも何かわだかまりがあるのか、帰りたくないのかなどが分かったものです。

友だち同士でトラブルがあり、一応納得したように見えていても、歌い方の様子で納得できてないことが分かるものです。そんなときは、ご家庭に電話をして、保護者とともに子どもたちを見守っていました。

ところが、近年は朝の帯活動（集会、読書、基礎学力定着の時間など）が定められているほか、前述のように

鳥の巣半島から見る神島

下校時間という制約もあって、一人ひとりの声や様子を十分に把握するだけの時間がもてなくなっています。さまざまな工夫のもと、終わりの会などで「今日の学校生活の心の天気」や「一日の振り返り」を書いてもらって、目立たない（静かな）子どもたちに至るまで、その日の様子を把握しようと努めていました。

しかし、「一日の振り返り」を書くことを嫌がる子どもが多いうえに、「〇〇して、楽しかったです」などと、パターン化されたものしか書かないという子どもがたくさんいました。また、「振り返り」を書いているときの表情から、「書かなければならないから」とか「早く書いてしまおう」という雰囲気が読み取れました。

今回は六年生を対象にして、かぎられた時間で行われている終わりの会でＷＥダイアリーに取り組んでもらうことにしたわけですが、先に紹介されているとおり、ＷＥダイアリーには、「ありがとう」を書くコーナー、その理由、「いまのきもち」として七つの表情をしているパンダに印をつけるコーナー、「たのしかったこと、たのしみなこと」を書くコーナー、そして「サイン」コーナーと、その

終わりの会

田辺市立新庄第二小学校

日のことを肯定的に判断するための工夫がたくさんされています。このダイアリーであれば、六年生の子どもたちであれば三分くらいで書けると思ったことも取り組んだ理由の一つです。

何よりも、「振り返り」を書く場合と違ったのは、子どもたちの表情です。振り返りのときは無表情で書いていたようですが、ＷＥダイアリーでは表情が豊かになったようです。低学年で取り組んだ教師へのインタビューでも、「とても楽しそうに取り組んでいた」と報告を受けています。何にしようか迷いながらも、にこやかに書いている様子、パンダの表情（一六～一七ページ参照）の真似をしながら書き込む様子、そして、毎日書くサインを友だちと見せ合いながら楽しそうにしている様子などがうかがえたそうです。これらの様子からも、これまでの振り返りとＷＥダイアリーとの違いが感じられました。

すべての担任には、下校する子どもたちに「いい気持ち」で帰ってもらいたいという願いがあります。「すべての子ども」とは言えませんが、ＷＥダイアリーを書くことで半数以上の子どもたちの表情が和らいでいたように思います。とくに低学年の子どもたちが、何に対して「ありがとう」と書こうかと迷っているときの表情が「幸せそうだった」という話を聞いて、ほほ笑ましく思いました。

なかには、書くことが思い浮かばないと悩んでいる子どももいましたが、習慣化すると、授業中や学校生活のさまざまな場面で、「今日は、ありがとうに○○書こう」とか「○○ちゃんに書こう」とつぶやく場面がよく見られました。日々の生活のなかにおいて、「ありがとう」を探すという気質が生まれたように感じられました。

この気質が、物事を肯定的に捉えるという、ポジティブな考え方の一つとなります。振り返りだと、反省点をイメージしたり、嫌な出来事に目を向けたりしてしまうものです。また、じっくりと考える時間も必要となります。それに比べると、WEダイアリーの場合は、考えつつも子どもの力を伸ばす起点につながるように感じられました。ちなみに、慌てている子どもは、ついパターン化したものを書いてしまっていたようですが。

毎日、じっくりと丁寧に振り返りを書いている子どもは、着実に自らの力を伸ばしていったと思いますが、考えることが苦手で、書かなければならないから書いているという子どもにとっては、振り返りの意義が発揮されていなかったようです。

ところが、WEダイアリーでは、その日のいい面に目を向けるというように範囲を狭めたため書きやすくなったようです。初めのうちは、「ありがとう」を探すことに時間がかかっていましたが、些細なことにも「ありがとう」の対象になることが分かりはじめると、さまざまなものに感謝の気持ちを向けることができたようです。さらに、「ありがとうの理由」も、さまざまな角度から物事をとらえていると感じられる場面が多々見られました。

WEダイアリーにある「いまのきもち」のコーナーでは、一日を振り返りながら印をつけていたので、ここで簡単な振り返りができていたように思われます。七つの表情をしているパンダから選び、印をつけることになっているわけですが、途中から、複数の表情に印をつけはじめた子どもが多くなってきたからです。終わりの会における「いまのきもち」だけでなく、ざっと一日を振り返ったからこそ複数に印をつけたのでしょう。

ちなみにですが、どうしても収まらない怒りや悔しさなどを書いている子どももいました。悔しいことを書いて、自らの気持ちの整理をしたかったようです。

「たのしかったこと・たのしみなこと」については、低学年のほうがさらりと書いていたようです。低学年の担任に尋ねたところ、「素朴な表現に心が温まった」という感想が得られました。

一方、六年生の場合は少し悩んでいたようで、空欄のままにしている子どもも見られました。私（西田）としては、子どもたちがどのようなものに興味をもっているのかなど、たくさんの情報が得られたと思っています。

「サイン」のところでは、どのように書くのかと、楽しそうに悩んでいました。有名人のよう

1年生のもの

に書きたい子どもや、ローマ字で書きたい子ども、オリジナルのサインを考えた子どもなど、最初はさまざまな書き方をチャレンジしていたようですが、後半になると、自分で決めたサインをさっと書いていました。

この「サイン」を書くという行為は、とても楽しかったようです。自分らしさを求めようとする姿はほほ笑ましいものです。きっと、未来で活躍する自らの姿を思い浮かべていたのでしょう。

WE ダイアリーを書いている子どもたち

小学校におけるWEダイアリーの取り組みは、教師との交換日記のような役割をもち、子どもたち一人ひとりの心情を知るためにとても大切な役割を果たしてくれました。そして、「ありがとう」のコーナーに何を書こうかと考える時間は、本当に幸せなひとときであったように思います。実際、「WEダイアリーへありがとう」と書いた子どもがいたのです（一六四ページ参照）。そんなささやかな幸せを重ねていくことが、学校生活におけるウェルビーイングにつながっていくのではないでしょうか。

2　幼稚園での取り組み

　どこの幼稚園でも、先生方は「ありがとうと言おうね」という声掛けをしていることでしょう。感謝の心を育てたい思いは、教職に携わっているものであればみんな同じです。園児には、WEダイアリーを書いてもらう代わりに、別の方法で取り組みました。ちょっと難しいように思われるかもしれませんが、大丈夫でした。SELの活動を通して普段からお世話になっている田辺市の幼稚園にお願いをして、「ありがとう」を言う機会を多くつくるための取り組みを行いましたので、その様子を紹介していきます。

　別の章で説明されているSELですが、そのプログラムには「くまのこプログラム」というものがあります。このプログラムは、私が所属する団体が開発したもので、日本オリジナルのものです。日本の文化や園の風土に合うよう

昭和幼稚園

「くまのこプログラム」の表紙

に、「身体的活動」、「学級風土づくり（居場所づくり）」、「ＳＥＬ」という三つの柱で構成されています。

小学校や幼児教育の空間において、先生方がクラスの子どもたちと一緒に活動できるように工夫してあります。一つのレッスンは四五分という単位になっており、八つで構成されていています。各レッスンには、「ファミリータイム」として、家に帰って保護者と一緒に行うという課題を設けていますが、「レッスン２」と「レッスン３」に「ありがとうを言う」を組み込みました。八つのレッスンは、以下のようになっています。

❶自分や相手の感情に気づくこと。

❷周りの人にどのような声掛けをすればいいのかを練習する。

❸自分の体のサインを知り、感情に気づく。

❹自分で自らを落ち着かせる方法を学ぶ。

レッスン⑦　こんなふうになりたいな！

すてきなひとを　みつけよう！
すてきだなと　おもうところを　まねしよう

① くまのこたいそうで　はじめよう！
おおきなうごきで　たいそうできているかな

② すてきなひとを　みつけよう！
いちばんのひとを　さがそう

③ おおきくなったら　なにになりたい？
どんなひとに　なりたいのかな
こまったとき、そのひとならどうする

④ あこがれのひとを　みつけよう！
どんなところが　すき
どんなところを　まねしたい

⑤ えほんのじかん

⑥ きょうのまとめ
ホームワークは
「あこがれのひとを　みつけよう！」だよ

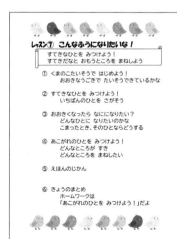

❺止まったほうがいい考え（ネガティブシンキング）と、進んでもいい考え（ポジティシンキング）があることを知る。
❻止まったほうがいい考えを、進んでもいい考えに変える練習をする。
❼あこがれの人を見つける（価値観の共有）。
❽サポートネットワークに気づき、助けてくれる人がいることを知る。

レッスンごとに課題を出し、学校や園における生活のなかで取り組んでいく、または「ファミリータイム」として家庭でも取り組んでいけるように設定されています。

四歳児を対象としたプログラムでの最初の課題は、「気持ちのよいあいさつをしよう」ですが、次は「ありがとうを言おう」という課題につながっていきます。「目を見て、笑顔で、元気な声であいさつをすること」から取り組みはじめます。そして、課題が上手にできれば、家族と一緒に楽しみながら塗り絵を完成させていきます。

子どもが、「笑顔で、目を見て、元気な声」で挨拶を家族にしていくようになれば、家族も同じように気持ちよい挨拶を返すようになるはずです。お互いが気持ちのよい挨拶をすることで家族のなかに相乗効果が現れると思いますが、みなさんはどのように思われますか。

次は「ありがとうを言おう」という課題です。レッスン２では、「ありがとうを言う」練習をします。「相手を見て、丁寧に伝えること」の練習です。柔らかいクッションを持って、相手を見て、相手に届く声で、優しいトーンで気持ちを込めて言うといった練習です。

グループに分かれて一人ずつ友だちに向かって言うことになりますが、「クレヨンを貸してくれてありがとう」や「一緒に遊んでくれてありがとう」などと練習をしていきます。最初は恥ずかしそうにしていますが、体験さえすれば言えるようになります。このレッスンの練習では、やはり「遊んでくれてありがとう」が一番言いやすかったようです。

私とともに実戦に取り組んだ保育士からは、次のような感想が寄せられました。

「今まで、自分から友だちに声をかけることが少なかった子どもが、ありがとうを言うようになりました」

「どのような行動をしても、かかわった人に『ありがとう』と言うようになりました」

「ていねいに相手を見て、『ありがとう』と言うので、言われた子どもも嬉しそうにしていました」

「（家庭でありがとうを言ったときにする）ファミリーワークの色塗りをとても楽しみにしていました」

一方、家庭からは、次のような報告があったと聞いています。

「色塗りを楽しみにしていて、家族に一生懸命『ありがとう』を言っていました」

「子どもが『ありがとう』を言うので、家族も『ありがとう』を、意識して言うようになりました」

どうやら、子どもから「ありがとう」が発信されると、周りの人々も同じように返し、園や家庭でも「ありがとう」が響き合い、「ありがとうの輪」が広がっていったようです。

すでに、レッスン2において「ありがとう」を言うようになった関係が築かれましたので、レッスン3では、「ありがとうを言われよう」という課題に移りました。

新しい課題に移ったとしても、子どもたちが「ありがとう」を言う機会が減ったわけではありません。「ありがとうを言われよう」とすることで、さらに「ありがとう」に対する意識が高くなっていきます。とはいえ、子どもたち同士で「ありがとうと言ったから、ありがとうと言って」というような、少し強要する場面も見られましたが、「ありがとう」と言ったことで自らが認められる嬉しさは、大人が想像する以上のものがあったようです。そして、言うまでもなく、園や家庭において、進んでお手伝いをする子どもが増えたとも聞きました。

生まれてから言葉を発するようになると、「ありがとう」という言葉が出るように言語発達を促していきます。周りの大人たちが、乳幼児が初めて発した「ありがとう」を喜び、笑顔で受け取るようにすれば、表情豊かに笑顔で「ありがとう」が言える子どもに育っていくことでしょう。

しかし、一方には、「ありがとう」の言い方を知らない子どもがいます。そのような子どもたちでも、表情や声のトーン、心を込めた「ありがとう」を言うことを学び、その機会が多くなれば必然的に「ありがとう」を言う機会が増え、笑顔でいられる時間も増えていくはずです。

このように考えると、乳幼児期の「ありがとう」の育ちには、大人のかかわり方が重要だということが分かります。ということは、WEダイアリーに教師や保護者もかかわり、その意義についてすべての大人が考え、決して、単なるドリルにしてはいけないということになります。

子どもが発信する「ありがとう」が親や周りの大人を巻き込んだ「ありがとう」を生み、大人が発する「ありがとう」が子どもを育てるというように、「ありがとう」の連鎖が生まれます。表情豊かに、にこやかな雰囲気のもとで起こるこの連鎖は、まさしくウェルビーイングの一つではないでしょうか。ここでの実践報告では述べきれない子どもたちの表情や姿勢を、ぜひ想像してみてください。

3 教師の振り返り――子どもたちの傾向

改めて子どもたちが書いたWEダイアリーを見ていると、低学年と高学年の違いが見えてきました。

小学一年生の「ありがとう」を言いたい人やモノを分類してみると三四項目に分かれました。そのベスト3は、「友達」(四二・二パーセント)、「両親」(一〇・六パーセント)、「先生」(一〇・三パーセント)という結果でした。以下、「ペットや昆虫」、「祖父母や兄弟」、「文房具」が続き、これら六項目だけで八〇パーセントを超えていました。

その理由としては、「遊んで楽しかった」、「大好き」が多く、「〇〇してくれてありがとう」などと詳しく書かれていました。驚いたことに、教師や父母に対しては、「がんばってね」といった励ましや、ゲームのキャラクターに対する応援も書かれていました。低学年ゆえ、短い文章でしか気持ちを表現することができなかったのでしょう。

とはいえ、一年生でも次のような文書も見られ、子どもの感性の豊かさを再確認しています。

昨日の夜はきれいな満月を見せてくれてありがとうございました。キラキラ輝いて見えました。
あまりにもきれい過ぎたので楽しかったです。きれいな満月が見れてびっくりしました。

そして、担任が風邪で休んだときには、「やっと元気になったね。元気になってうれしいよ。先生大好き」と素直に表現されていました。また、教師のひと言コメントに「ありがとう」と書かれていたので、「ありがとう」の連鎖が感じられました。

身近な出来事、その日に深くかかわった人に感謝の気持ちを抱いた一年生は、毎日「ありがとう」を見つける行為によって、少しずつ視野が広がったように思われます。

一方、六年生は一五四項目と多くなりました。そのベスト3は、「ゲストティーチャーやコーチなど」（二四・九パーセント）、「友人の名前」（八・八パーセント）、「憧れの人」（三・六パーセント）となっていました。選択肢の広がりが感じられ、さまざまな視点から物事をとらえていることが分かります。

また、身近な人やモノだけでなく、歴史上の人物や地域社会に貢献している人々、自分のあこがれの人や推している人、自然環境や平和などについても書かれていましたので、六年生の社会を見る目が想像以上に広いことが分かります。

当然、理由についても詳しく書かれていました。ゲストティーチャーやコーチなどに対しては具体的に学び得たこと、憧れの人に対しては、心の支えになっている様子や歴史上の人物に対する敬意、そして地域貢献している人々へは感謝が綴られていました。

また、理由のところには、「これからもよろしく」、「〇〇なりたい」、「〇〇になったらいいな」、「〇〇してください」など、未来に向かってのコメントが含まれていましたので、自らの意思表明にもなっているように感じられました。

書くスタイルにも違いが見られました。一年生は、「ありがとうを言いたい人やモノ、その理由」、「今の気持ちのチェック」、「たのしかったこと・たのしみなこと」という項目が書かれている一ページ全体を一つのトピックとして書いていましたが、六年生はそれぞれを独立したものとして書いていたようです。興味深かったのは、「ありがとう」の理由では楽しいと思っていても、「気持ちのチェックリスト」では「怒っている」のところにチェックがあったことです。このような矛盾、みなさんはどのように思われますか。

理由が書かれた文末も興味深いものでした。「～ました」とか「～と思います」と書かれていたり、「～だねぇ」、「～お願い」、「～するぞ」のように話しかけている場合があったのです。さらに、詩やつぶやきのように表現したり、時には「キャー」とか「すごかった」などのひと言だったりと、その日の気分や内容によって表現が変わっていました。要するに、義務感で書いているのではなく、それぞれが感性を発揮して楽しんでいるように感じられたのです。このようなシーン、ぜひ、みなさんにも体感していただきたいです。

六年生の取り組みを振り返ってみると、「一日の振り返り」という感じで書き込んでいました。教師の指導方法にもよるので一概には言えませんが、子どもたちの成長が感じられる機会となりました。

六年生が、最終ページでWEダイアリーへの「ありがとう」を書いたので、最後に紹介しておきます。

WEダイアリーにありがとう

・最後まで書かせてくれてありがとう。
・今までずっと僕の思ったことを書かせてくれてありがとう。最初の方は面倒くさかったけど、今では慣れました。今まで本当にありがとうございました。
・ありがとうの気もちの大事さを改めて感じたヨ！　それに自分の気もちもわかったヨ！
・WEダイアリーは、最初いやだ〜とばっかり思っていたけれど、いろんなことに気づけました。本当にありがとう。この本が今まで、これからの支えになると思っています。いろいろ書かせてくれてありがとう。今まで、ありがとう。

改めて、子どもたちに「ありがとう」と言いたいです。

4 数値としての変化

私たちは、ＷＥダイアリーの有効性を調査する研究を小学二年生の子どもたちを対象に行いました。この調査には、関西にある二つの小学校から、合計六九人（男児三四人、女児三五人）が参加しています。子どもたちに「ウェルビーイング」に関するアンケートに答えてもらっていますので、まずはその内容を紹介しましょう。質問内容は以下のとおりですが、子どもがウェルビーイングをどのように捉えているのかについては共有できるでしょう。

❶自分の生活にいいことがおきると思う。
❷自分でさっと決めることができる。
❸楽しいことをたくさん見つけられている。
❹得意なことがいくつかある。
❺みんなが大事にしてくれている。
❻自慢できることがたくさんある。
❼落ち着いた気持ちで過ごしている。
❽いい気分で過ごしている。

❾毎日、何が起きるかわくわくしている。
❿みんなと仲良くしている。
⓫元気いっぱいに過ごしている。
⓬ゆったりした気持ちで過ごしている。（一部漢字に変換）

子どもたちは、最近二週間くらいの生活を思い出して、それぞれの項目について「1（なかった）」から「5（いつもそうだった）」の五段階で答えました。そして、一方の小学校二年生（**実験群**）が八週間にわたって、毎日、学校や家庭でWEダイアリーに記入し、以下の活動を行いました。

・WEダイアリーに言葉で、または絵で記入する。
・気持ちのチェックリストを使用して、日々の感情を理解する。
・生活チェックリストを用いて、睡眠時間、食事、水分摂取、運動時間を確認する。
・リラックスチェックリストを通じて、呼吸法、筋肉の緊張緩和法、瞑想などのリラックス技術を実践する。

クラス担任は、時間があるときに子どもたちが記入したWEダイアリーをチェックし、記入した内容に対して褒めたり、感想を伝えていくわけですが、子どもたちは、頑張ったことが褒められ、内容についてポジティブな感想を受けることで、さらにＷＥダイアリーを記入するようになります。これは、行動心理学におけるオペラント条件づけ理論[1]の「ポジティブな強化」と呼ばれているものです。

なお、もう一つの小学校の子どもたちは（**比較群**）、ＷＥダイアリーには記入せず、通常の授業活動を行いました。こちらの小学校の子どもたちは、三か月後にＷＥダイアリーをはじめています。

効果を検証するために、実験群と比較群の子どもたちは、三つの段階で自己記入式のアンケートに答えています。一回目は実験群の子どもたちがＷＥダイアリーをはじめる前であり、二回目は実験群の子どもたちがＷＥダイアリーを八週間記入したあと、そして三回目は実験群の子どもたちがＷＥダイアリーの記入を終えた三か月後です。

自己記入式のアンケートには、子どものウェルビーイングの尺度、子どもの学級での適応を測る尺度、子どもの社会的支援認知を測る尺度が含まれていました。また、実験群の子どもたちが

（1）（Operant conditioning）報酬や罰に適応して自発的に目的の行動を増やしたり、減らしたりする学習のことです。「Operant」は「自発的な」という意味をもつ単語です。

ＷＥダイアリーを八週間記入したあとに行われたアンケートには、記入を楽しんだ程度、記入の頻度、記入するのに要した時間、そしてＷＥダイアリーに対する好感度を尋ねる質問が含まれていました。これらの回答を分析して、ウェルビーイングに関係するのかどうかを調べました。

分析の結果、ほぼ予想どおりにＷＥダイアリーの効果が表れていました（**図６－１**参照）。実験群の子どもたちのウェルビーイングは、実施しなかった比較群の子どもたちよりも上昇していました。それは、統計的に意味のある変化として示されました。

また、ＷＥダイアリーの効果に影響する要因の分析結果も興味深いものでした。「楽しむ程度」や「好む程度」、「記入頻度」は、子どものウェルビーイングの上昇とは関連していないことが示されました。これについては、私たちの予想とは違った結果となりました。

実は、影響があったのは「記入時間」のみだったのです。毎日ある程度の時間をかけて記入した子どもには、ウェルビーイングがより高く上昇する傾向が示されました。丁寧に生活を振り返り、「ありがとうを見つける」時間がウェルビーイングを高めたようです。

しかし、ＷＥダイアリーを記入した子どもに関して、学校適応感と社会的支援認知の上昇は見られませんでした。ＷＥダイアリーの実施が八週間という短期間であったためかもしれません。あるいは、新型コロナ禍で、ソーシャルディスタンスが学校やクラスで厳しく守られていたことが理由で、交流活動やお互いの助け合い活動が制限されていたからかもしれません。

子どもたちからは、次のような感想が寄せられました。

・初めて自分のサインをするとき、どんなサインをしたらよいかと考えるのが大変だったけど、「WEダイアリー」（の二ページ）を書いたあとに、毎日サインするのはとても楽しかった。
・WEダイアリーを記入するときに、パンダの顔に色を塗るのが楽しかった。
・WEダイアリーを毎日記入していたら気分がよくなってきた。
・WEダイアリーを記入していたら、周りに対してより感謝するようになった。
・周りの人へ、前より親切にすることができるようになった。

このように、子どもたちからWEダイアリーの効果を説明するような感想が寄せられたので、ちょっと驚きました。

研究の結果をまとめると、小学生がWEダイアリーを八週間記入することで、ウェルビーイングが高まることが科学的な方法で明らかになりました。とくに、子どもがある程度の時間をかけてWEダイアリーを記入することが、ウェルビーイングを高める重要な要因であることも明らかになっています。

図6－1　子どものウェルビーイングの変化

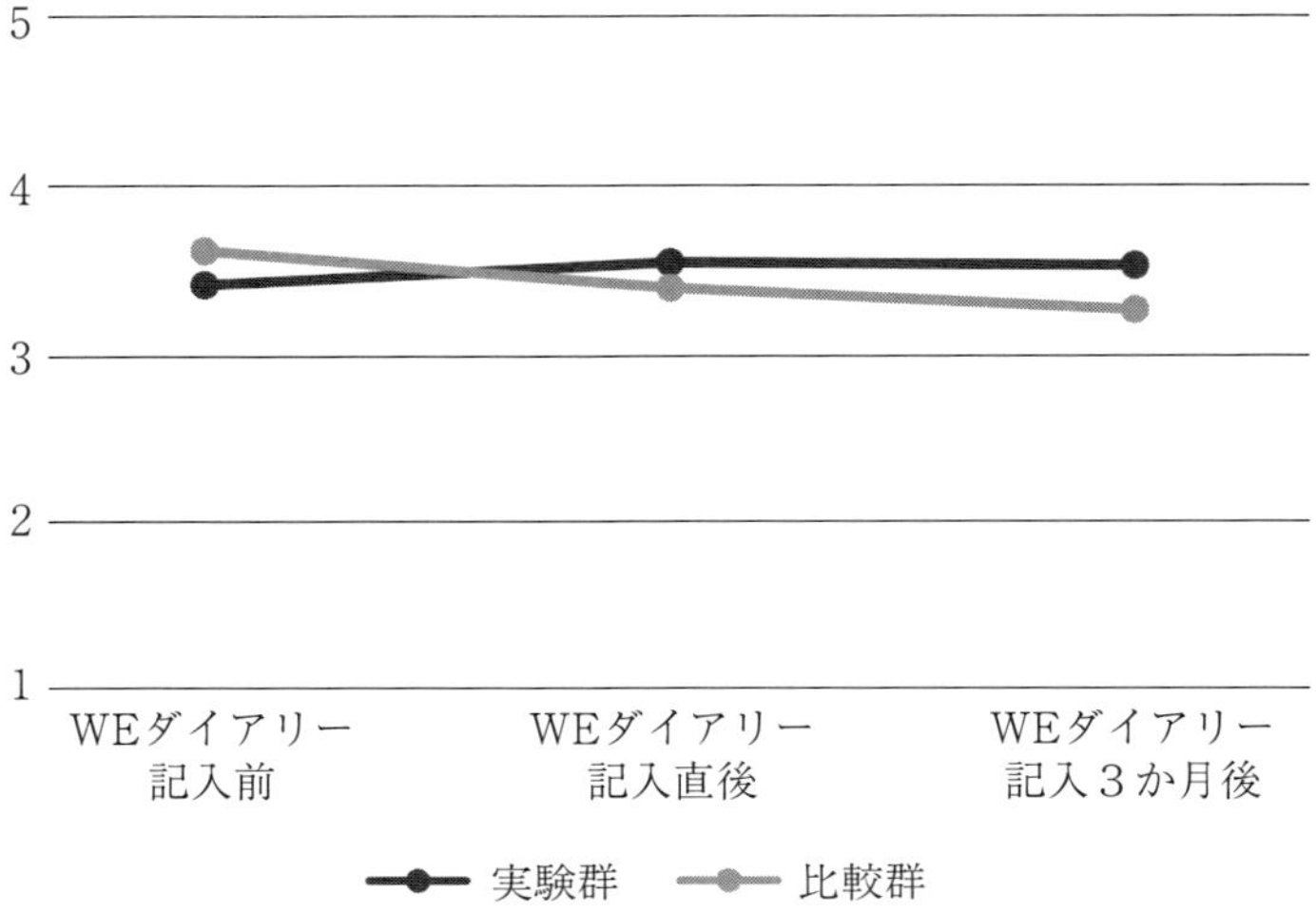

図6－1は、ウェルビーイングの三回のアンケート結果を数値で表したものです。ウェルビーイングを測るアンケートには一二種類の質問（前掲参照）があり、それぞれ「1～5」でどのくらい自分に当てはまるかを答えています。その平均を取るので、縦にある数値は「1～5」となります。

WEダイアリーの記入がはじまる前のアンケートでは、平均値（前者）と偏差値（後者）は、実験群（3.42, 0.78）と比較群（3.62, 0.83）で、比較群のウェルビーイングのほうが高くなっています。WEダイアリーを記入した八週間後では、実験群（3.55, 0.69）と比較群（3.40, 0.74）、三か月後では、実験群（3.53, 0.68）、比較群（3.05, 0.78）となり、実験群のウェルビーイングが高くなっています。

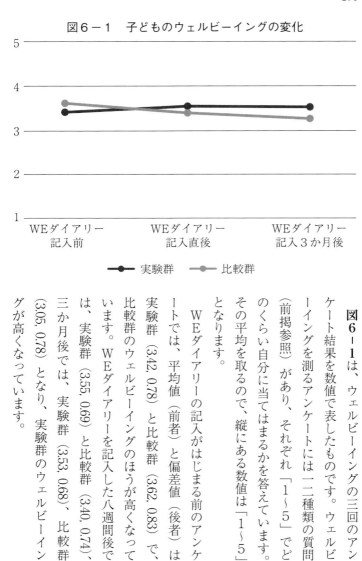

ＷＥダイアリーを記入した実験群の子どもたちの変化だけで考えると、どのくらいウェルビーイングに影響しているのか分かりにくいため、比較群の変化と比べながら心理統計で分析されています。もちろん、今後も調べていく必要はありますが、この研究結果では、ＷＥダイアリーが子どものウェルビーイングの向上に効果があるということが示されたと言えます。

つまり、ＷＥダイアリーを書いた子どもたちは、「楽しみや周りの人とのつながりが増えた」ということですが、あくまでも子どもが「そう思う」とレポートした結果であり、実際に何がどのように変化したのかは分かりません。でも、「幸せ」というのは個人的な感覚であり、自分の思いであるわけですから、異論を挟む余地はないでしょう。

ＷＥダイアリーには、子ども自身が自らの生活をどのように捉えているのかという姿勢が現れます。また、自分の生活を前向きに評価すればウェルビーイングが向上することも分かっています［英文文献8参照］。

自分の生活を前向きに捉えるという生活態度は、新しいことや難しいことにチャレンジする力や、人とよい関係をつくりつつ継続する力となり、より健康で幸せに生きる力につながっていきます。言うまでもなく、未来を逞しく生きていくために必要な力となります。

別の学校での取り組みでは、どの程度書いたのか、この取り組みを楽しかったと思うのかとい

図６－２　活動を楽しんだかどうかによる子どもの変化

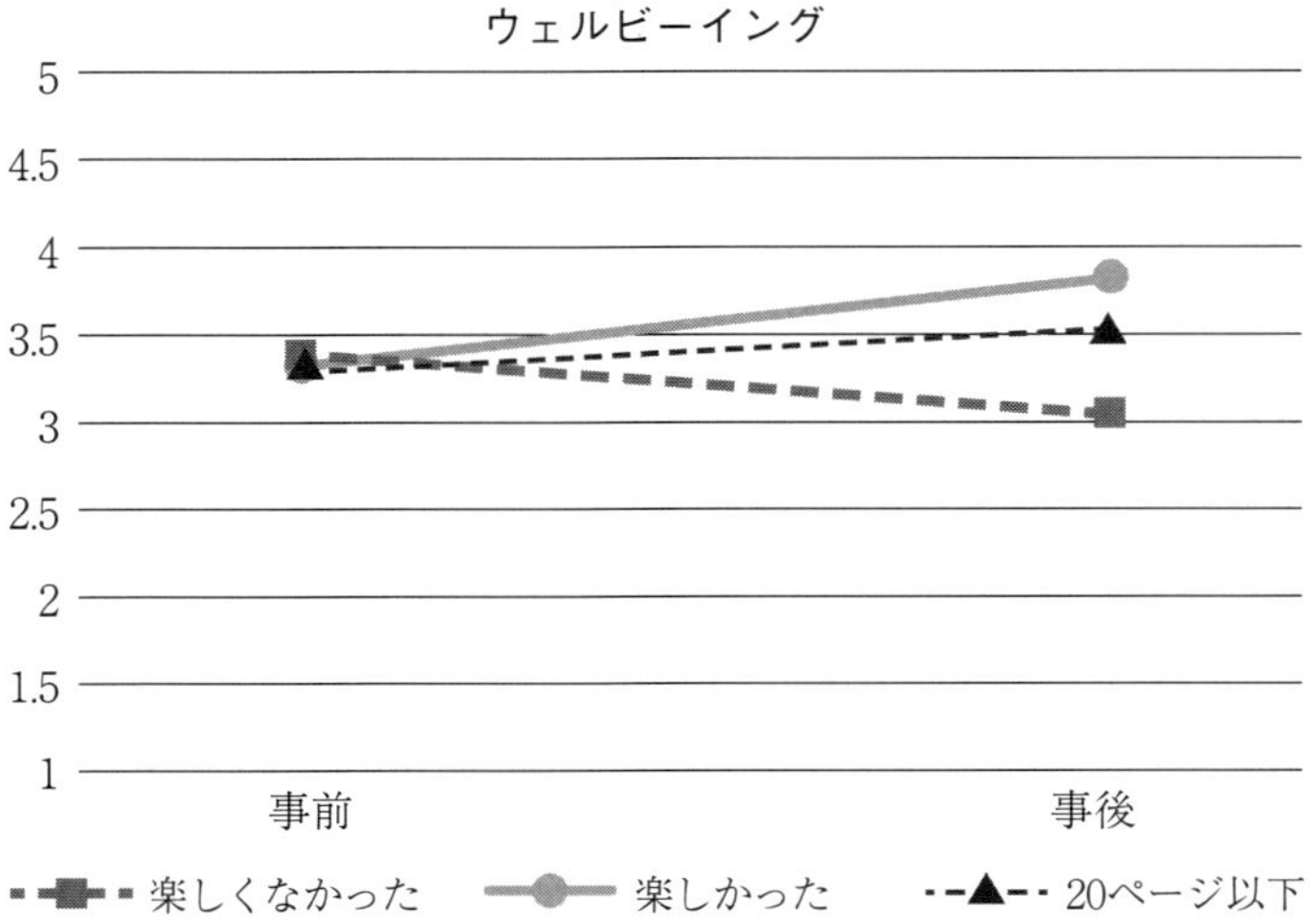

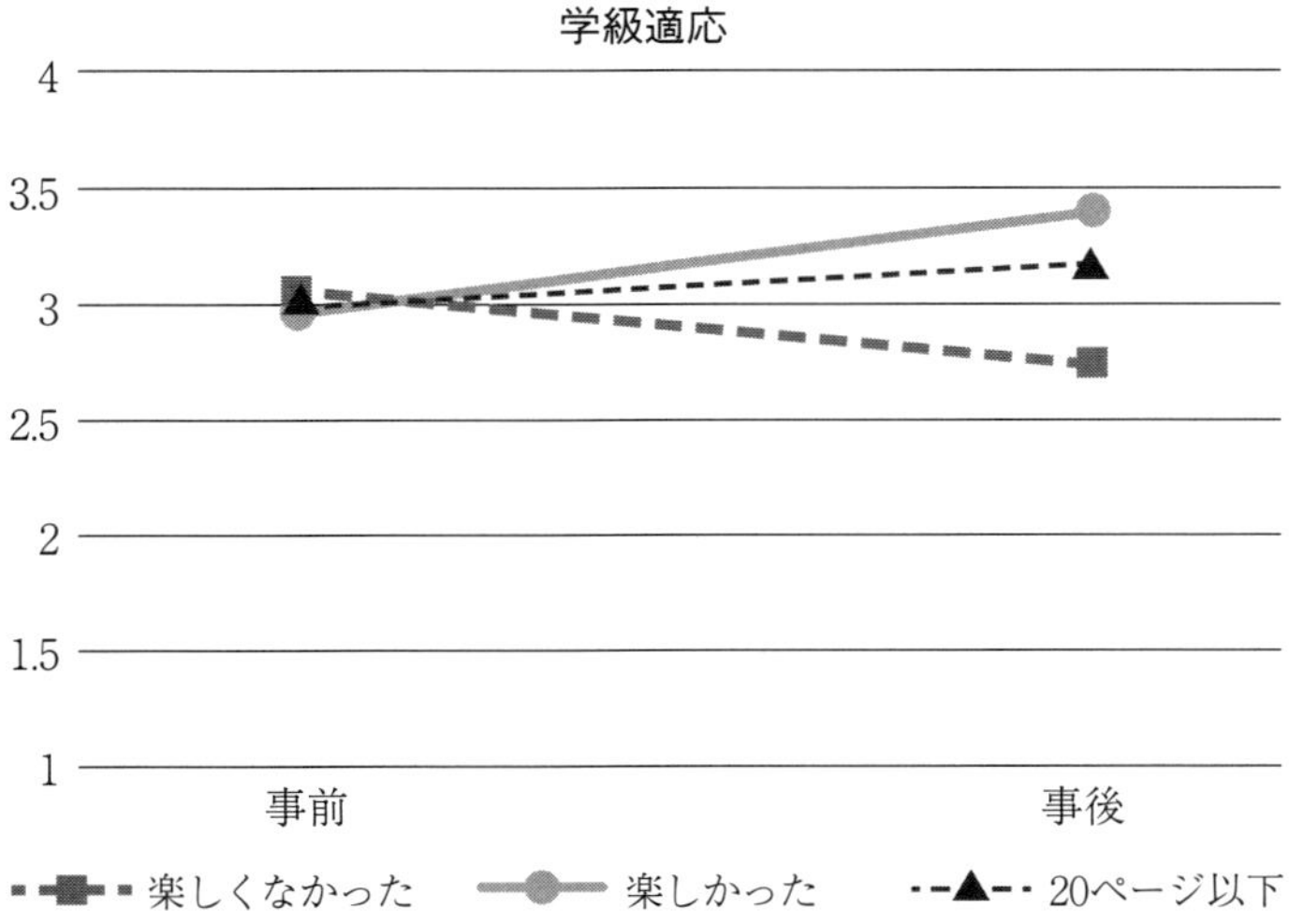

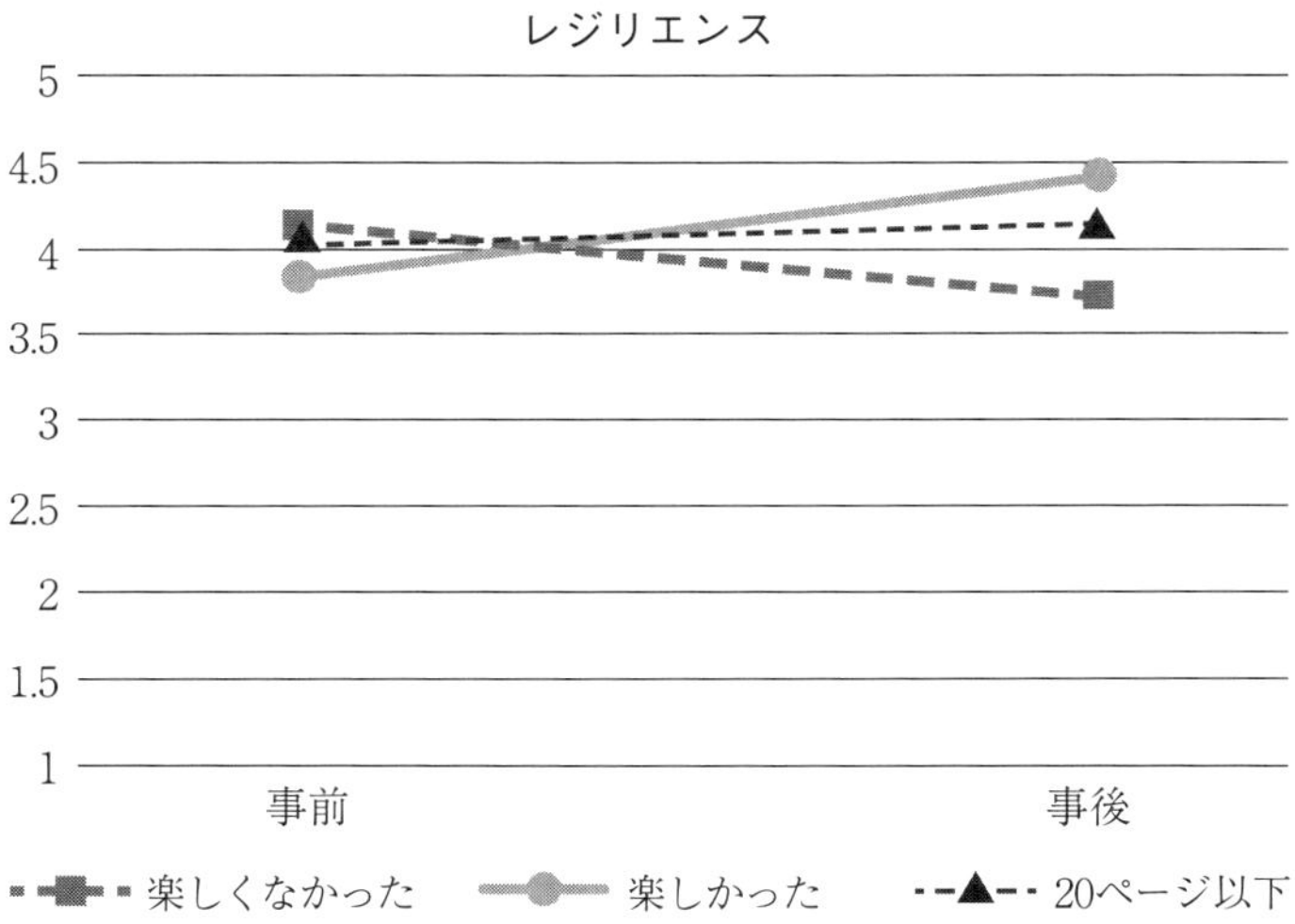

う点と、ウェルビーイングや学級適応（自分のクラスに対するポジティブな思い）、レジリエンスとの関連についても調べてみました。

その結果、八週間で冊子の半分以上を書いて、この活動を「楽しかった」と評価している子どもたちでは、ウェルビーイングや学校適応、レジリエンスの得点が向上していました。一方、半分以下の記入となった子どもたちや、「楽しくなかった」と評価している子どもたちの得点は、変化がなかったり、低下していました（**図６‐２**参照）。

また、記入した頻度と得点の関連についても調べてみました。その結果、週に三回以上記入した子どもたちには向上が見られた一方で、週一回以下の記入であった子どもたちでは向上が見られませんでした（**図６‐３**参照）。

このことから、「ＷＥダイアリー」に取り組む

図６－３　記入した頻度と得点の関連

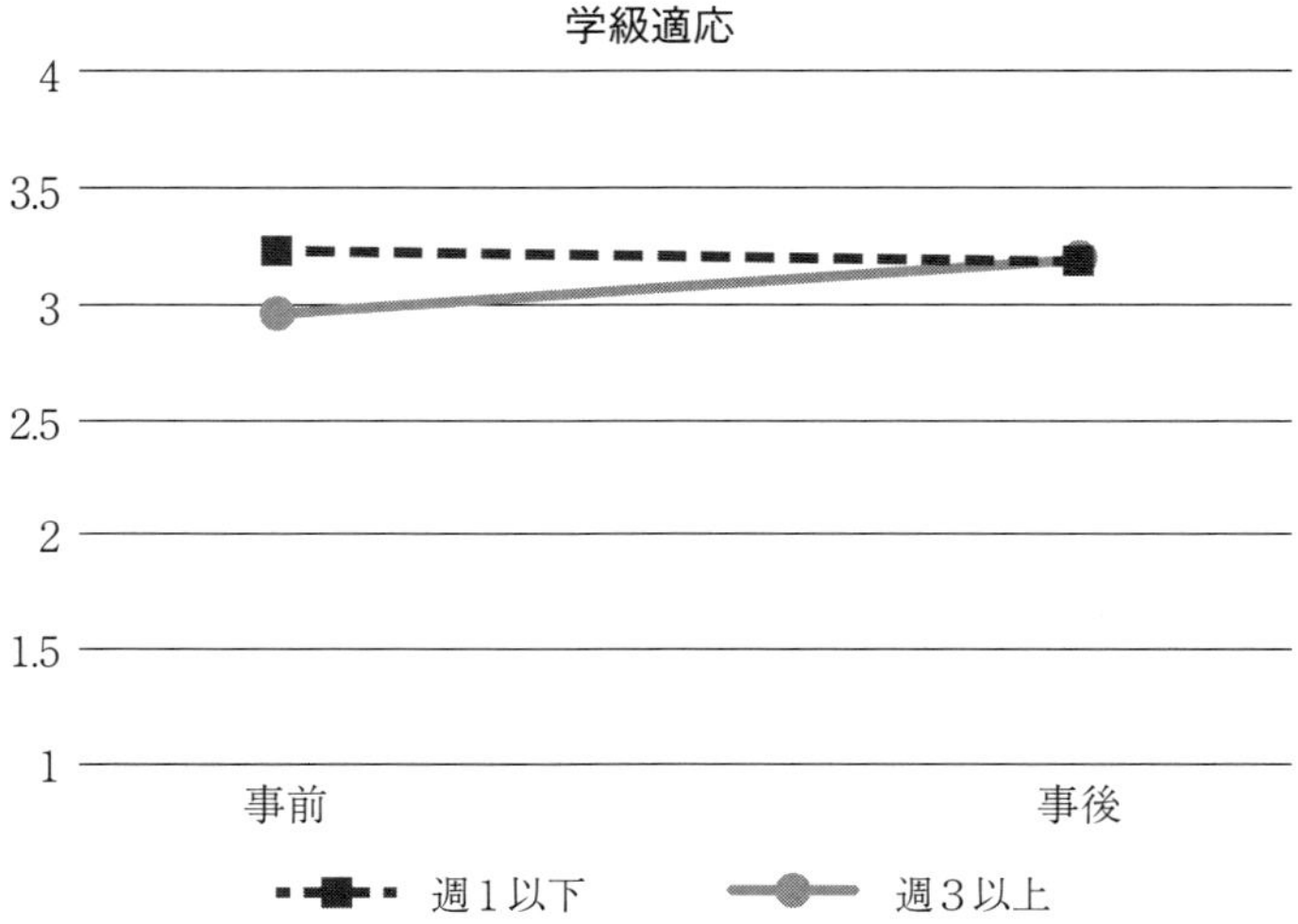

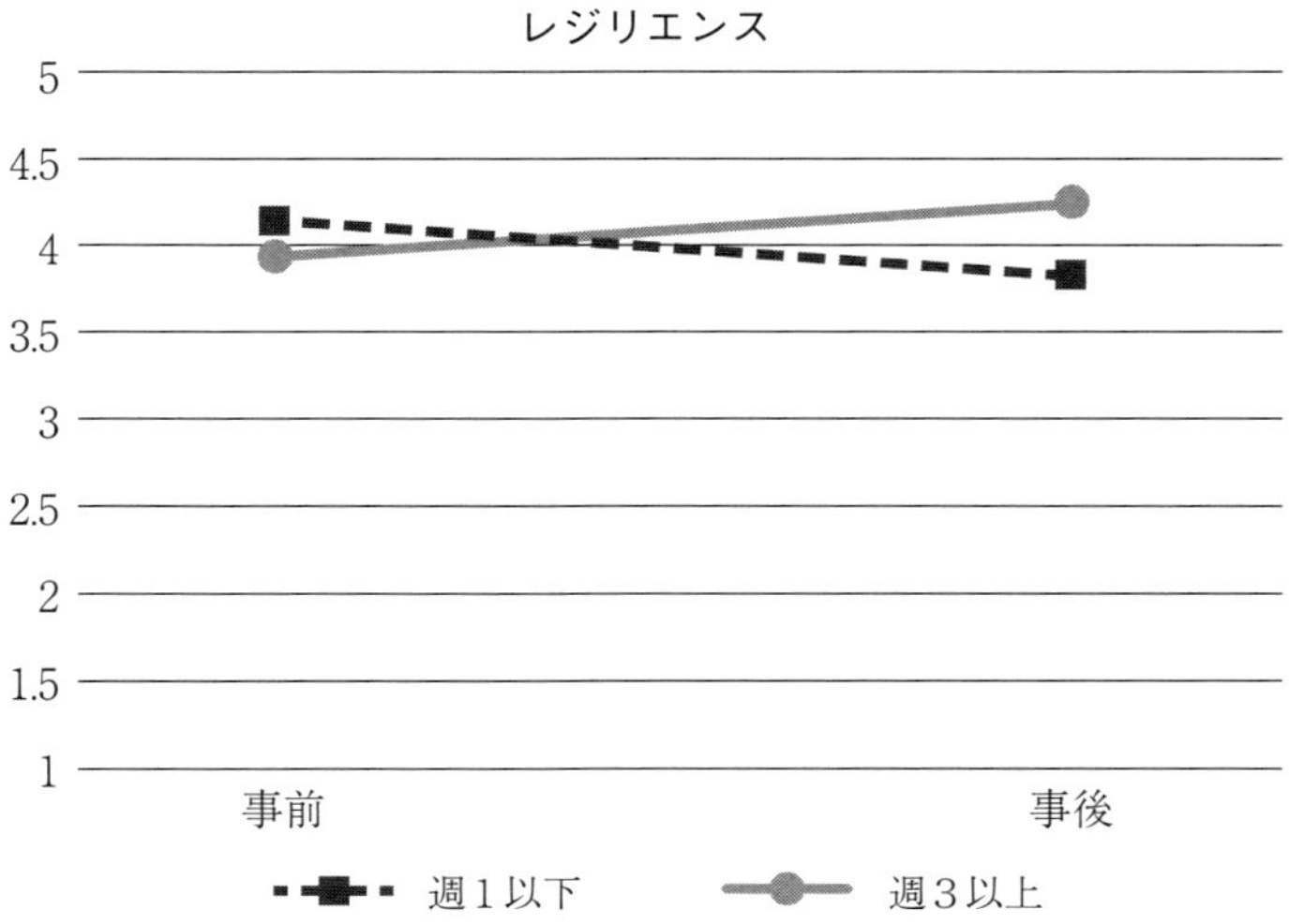

ことでウェルビーイングの向上につなげるためには、一定以上の頻度で、少なくとも半分以上の記入をする必要があると言えます。また、このような取り組みを楽しいと思える場合に有効であるということも分かります。

当然ながら、どのような取り組みにも「合う、合わない」や「向き、不向き」があります。楽しんで取り組めるような声掛けやサポートが必要となりますが、それでも書くことが好きでなかったり、苦手だったりする子どもたちがいるものです。何事においてもそうですが、このような子どもたちに対しては、強制することなく、別の取り組みを考えるほうがよいでしょう。

そのためにも、普段から子どもたちの様子を観察するとともに、ウェルビーイングの向上につながる活動はないかと模索していく必要があります。早速、今日からそんな活動探しをはじめてみてください。

5　大学生のWEダイアリー

私（松本）が担当している大学の心理学のクラスでWEダイアリーを配布しました。これは小学生向けにつくられたものなので、表紙やイラストは児童向けに描かれていること、記入するかどうかは自由であること、ただし、心理学の試験日に記入されたダイアリーを提出すれば、課題点と見なされ五点がテストの点数に加算されることを説明しました（本章トビラ写真参照）。

結果的に八〇パーセントの提出率でした。加点するためにパラパラと見て記入を確認しましたが、内容は読みませんでした。春休み前に次年度の履修について説明する会が開かれたので、その会の終わりごろの時間を借りて返還するために会場に持参しました。返還に際し、記入例をまとめた書籍をつくること、また研究に使いたいことを話し、そのために「内容を見てもいいですか」と口頭で尋ね、見られたくない人は会の終了後、「教室を出るときに自分のWEダイアリーを持っていくように」と言いました。

出入り口の近くに、名前が分かりやすいように並べておきました。持って帰る人はおらず、結果的には全員が見てもいいということになりました。

WEダイアリーは八週間にわたって記入するようになっています。配布してから回収日まで、四〇日間ありました。チェックシート以外の「ありがとう」を記入するページだけで数えると、一日一ページで五ページ（一週間分）になり、八週分で四〇ページ、つまり四〇日分になります。すべて記入していない人が三名いました。

前述したように、私は地域設定のWEダイアリーの実践にかかわっており、「内容を見てもいい」という許可を得て、小学生の記入内容をすでに読んでいます。家族、友人、先生など周りの人に対する「ありがとう」、ペット、休日、文具などに対する「ありがとう」が主に書かれていました。一方、大学生の感謝の対象は、これらと同じ内容がありましたが、異なる傾向もありました。

まず、日常生活が小学生とはかなり違うために、感謝の対象が広がっていました。また、「自分」に対する感謝は小学生には見られないものでした。さらに、社会的な現象やシステムに対する感謝も小学生には見られませんでした。もっとも違いを感じたのは感謝の発達でした。

これまでの実践のなかで、心理学者のエモンズ（一一七ページ参照）の「感謝を育てる」という積極的な感謝行動をどのように理解し、導くことができるのだろうかと考えていました。児童期より経験値や思考力が高くなっている大学生という時期がどのように感謝行動に関係するのかは別の研究テーマになりますが、「感謝を見つける」が次第に「感謝を育てる」に発達したのではないかという例が確認できました。以下において、少し詳しく紹介していきます。

生活の広がり

大学生になると、家族を離れて一人暮らしをする、実家から通っていてもクラブ・サークル活動と並行してアルバイトをするなど、今までとは異なった生活スタイルが多く見られました。また、何に価値を置くかについても、感謝に関係していました。アルバイトで得たお金を美容関係や「推し活動」に使うなど、それぞれが価値を置く分野に感謝が多く見られました。

ちなみに、美容関係の人やモノに対する感謝では、眉毛サロン、美容院、ネイルサロンなどが感謝の対象になっていました。髪を好みのカットにしてくれた美容院の人に対する感謝が書かれていましたが、これなどはよく理解できるものです。

友だちを対象とする感謝は小学生にも多く見られましたが、大学生の場合、その対象がかなり広がっています。クラスメート、先輩、後輩、クラブ・サークルの友だちとの付き合いは中学校くらいからはじまりますが、それらに加えて、地元、県人会の先輩・後輩、アルバイト先の友だちなどが加わっていました。WEダイアリーを記入している四〇日の間にはクリスマスとお正月があり、家族や地元の友だちと過ごすイベントや時間の大切さを感じたという感謝がたくさん書かれていました。

当然、アルバイト先での感謝は小学生にはありません。アルバイト先の店長、副店長などの管理職から、お客さんまでが感謝の対象となっており、その例の多様さからアルバイトが大学生の生活に占める重要さを改めて感じました。

接客におけるアルバイトでは、お客さんに対する感謝に二つの傾向が見られました。一つは、「早く帰ってくれてありがとう」でした。勤務が終わるという時間に長くいられるというのは困ったもので、時間に配慮してくれたお客さんに感謝を感じたのでしょう。もう一つは、「たくさん来てくれてありがとう」、「おいしそうに食べてくれてありがとう」という内容のものでした。

アルバイトという立場でありながら、一生懸命業務に励んでいる様子がうかがえます。

一方、子どもを対象にしたアルバイトの場合、子どもへの感謝が多くありました。日々子どもとの交流で得られる感動や癒しに感謝し、子どもとかかわる体験を大切にしている様子が伝わってきました。子どもが絵を描いてくれた、子どもに何かを教わったなど、子どもの成長にかかわる感謝も書かれていました。

また、海外に行って体験したこと、特有の文化や食べ物に対する感謝もありました。小学生でも海外に行く機会があると思いますが、自分で計画し、自分でパスポートを取り、初めて行く海外旅行は新鮮な体験となったようです。異文化に対する感謝の気持ちは、再び海外に行きたいという気持ちにつながったように思えます。

楽しかったという感情、また海外に行きたいという気持ちへの気づきは、自己理解（自分への気づき）と言えます。それに対して、異文化に対する感謝は他者理解（他者への気づき）となり、対人関係の構築に関係してきます。海外体験による感謝は、今後の海外体験や異文化、異なる社会に暮らす人たちとの交流に積極的な形でつながっていくことでしょう。

「自分」への感謝

「自分」への感謝は、地域設定（三八ページ参照）で見せてもらった小学生のＷＥダイアリーでは見られなかった感謝です。自らに感謝するためには、自分を客観的に振り返るというメタ認知が必要になりますので、小学生には難しかったのでしょう。何歳くらいから現れるのか興味のあるところですが、それは今後考えるとして、ここでは大学生の例を挙げておきます。

自分への気づき

・今日も一日よく頑張った！　ありがとう、自分。
・バイト、とばしたけど、休むこともだいじだよね。
・新年一発目、自分のお昼用にお弁当を作りました。家族や誰か人のために料理をするのは楽しいけど、自分一人のために作った自分に感謝。
・クリスマスの日にバイトが入ってたけど、お疲れ様です。自分自身にありがとうを伝えます。
・バイト、三連続勤務。がんばってくれてありがとう。
・バイト、六時間働いた自分にありがとう。

一つ目の例では、その日を振り返り、自分に対して感謝を述べています。頑張った自分に感謝を述べるのは、自らに対する思いやりがあり、自己肯定感を高める活動になります。二つ目の例は、バイトを休むのが不本意だったのでしょう。それでも、休んだ自分の決意を認めているようで、自己受容感が感じ取れます。

三例目は、自分だけのためにお弁当をつくったという、本人にとっては珍しい機会を捉えて感謝の対象にしています。日本における感謝の研究では、「申し訳ない」という気持ちが感謝に含まれるということですが、自分だけのためにお弁当をつくって申し訳なく思い、その気持ちに対処したような感謝が感じられる例となります。

後半の三例には、アルバイトにおいて、かなり努力している様子がうかがえます。大学生のアルバイトは、「バ畜」という言葉があるくらい厳しい現状が問題視されています。そんな厳しい状況で頑張った自分を褒めています。それぞれ、自分への感謝に自らを労る気持ちが感じられます。

セルフ・コンパッションとは「自分への思いやり」という意味ですが、自分を思いやり、労るというのはなかなか難しいとも言われています。しかし、メンタルヘルスの向上に役立つという研究結果があります［邦文文献43参照］ので、このような自分への感謝は、メンタルヘルスを健康に保ち、ウェルビーイングを向上させると思われます。

このように、大学生のWEダイアリーに見られた自分への感謝には、自己肯定感、自己受容感、メンタルヘルスに関係していると考えられます。自らのウェルビーイングを積極的に高める感謝が大学生のWEダイアリーに見られたというのは大きな発見でした。先にも述べたように、小学生にはなかったことですから、自分への感謝は「感謝を育てる」過程で出現したと考えられます。では、感謝の対象や感謝の行動はどのように発達していくのでしょうか。認知能力や社会的な力、感情の力とどのように関係して発達するのでしょうか。大いなる興味をもちました。

社会的な感謝

WEダイアリーを書いている四〇日の間に二〇二三年を終え、二〇二四年を迎えました。過ぎゆく年に感謝し、新年の抱負を記入するという例もたくさん見られました。

ご存じのように、二〇二四年一月一日に能登半島で大地震が発生し、日々、ニュースでその惨状が伝えられました。WEダイアリーに記された、現場で活動する消防隊などの方々に対する感謝には誠実な思いが込められているように思えました。

翌日の一月二日には、羽田空港において二機の飛行機が衝突して炎上するといった事故がありました。無事に全員が脱出できたことに貢献した方々への感謝がWEダイアリーにも書かれていました。

特定の出来事に関連しているのかどうかは分かりませんが、災害時に活躍する自衛隊、窮地に駆けつけてくれる警察官、毎日世話をしてくれる寮母さんへの感謝など、私たちの社会を支えてくれている人たちへの感謝は、小学生では見られませんでした。言うまでもなく、大学生はこれから社会人になる立場となりますので、社会を意識した視点でこれらの出来事を見て感謝の対象としたのでしょう。全員が自覚をしているということでしょうか。

大学生時代は、社会人になる準備段階だと言えます。確かに、学生生活を楽しむ期間でもあり、社会で活躍するという意欲や期待は個人によってさまざまでしょう。でも、社会を支えている人たちに対する感謝を見て、自分が進む「社会」という世界を広く見渡し、思いを寄せているようにも感じられます。

他者理解（他者への気づき）は英語では「Social Awareness」と表現され、「社会的理解（社会への気づき）」と訳されるときもあります。大学生の他者理解には、社会的理解という広がりが含有されているようです。

「できれば、高校生のときにこのような感覚が育ってほしい」と言った人がいました。確かに、そのとおりですが、受験、受験という日々を過ごし、ようやく大学生となった今の人たちを見ていると、少し甘い評価をしてしまうのかもしれません。とはいえ、ＡＩとの共存など急激に変化する社会環境を目の当たりにすると、未来を見通すことは難しくなっています。せめて大学を卒業する前に、ここで述べたような「社会意識」が芽生え、若い人の力でこれからの社会をウェルビーイングの高い状態に変えていってほしいと願っています。

感謝を育てる

感謝の対象に、人が対象になっていないケースが五つありました。身近なモノやコトが感謝の対象でした。人に対する「ありがとう」が見つけにくい生活環境のせいかもしれませんが、それはそれで、たくさんのモノやコトに対する感謝には、ある意味でその人の生きる強さを感じました。となると、人への感謝の心を育てる必要があります。何らかの方法でそうできたらいいのになーという願いが、ふと浮かんでしまいました。

これらの例とは別に、感謝の対象に変化が感じられる、「感謝を育てる」に当てはまるようなケースが一つありました。初めはモノやコトに対する感謝が続いたのですが、次第に友人や家族に対する感謝も書かれるようになったのです。WEダイアリーに毎日感謝を書くという体験のな

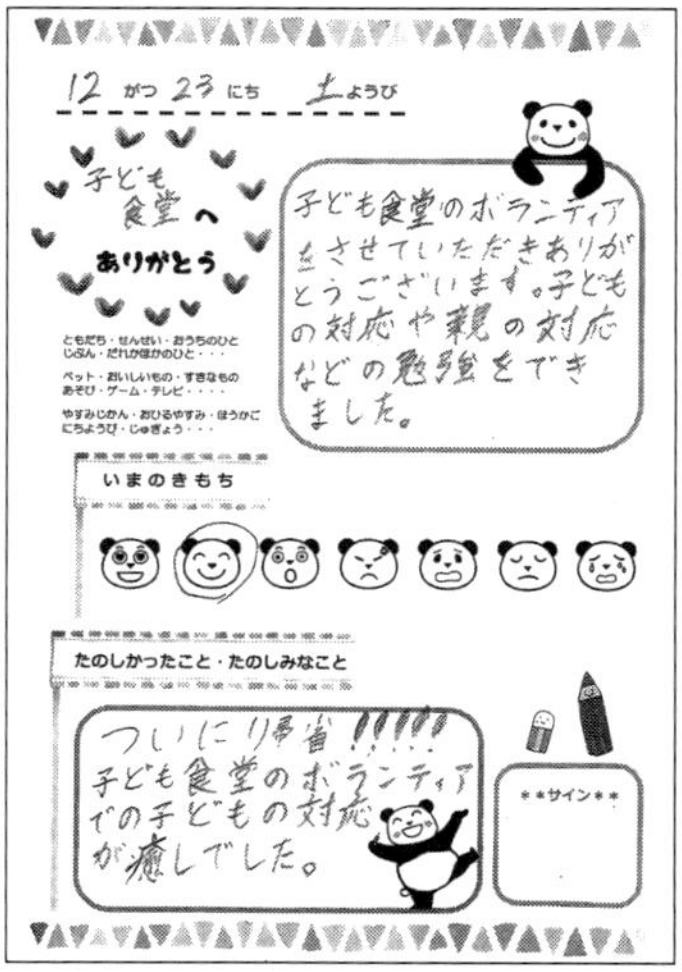

社会的な気づき

かで、感謝を見つける活動を繰り返し、次第に周りの人に対する感謝を育てたのではないでしょうか。

この例から考えると、先の五例の人たちがＷＥダイアリーをもう少し続ければ変化が起きるのではないかと想定できそうです。とはいえ、変化を促すためには、感謝を育てる行動につながる何らかの支援が必要となるでしょう。ＷＥダイアリーの実践にどういう要素を組み込めば感謝を育てるための支援になるのか、指導する側としては考えていきたいところですが、大学生自らが気づくことかもしれません。社会意識に芽生えた学生たち、侮ることはできません。それを、私の目の前にいる学生が、部分的にとはいえ証明しています。

魂に触れる

毎日、詳細に感謝を記載しているケースが二つありました。大学生として心理学の課題に取り組むという姿勢があり、誠実に、丁寧に自らの一日を振り返る日記になっていました。家族に対する感謝や、教師や学友に対する感謝をきれいな字で詳しく綴っているＷＥダイアリーを見ると、心からの感謝が表現されていて、その人の魂に触れているような、敬虔な感情が湧き起こってきました。

言うまでもなく、日記は本来個人的な記録です。私も小・中学生のころに日記を書いていましたが、誰にも見られない場所に隠していました（それでも、母は見つけて読んでいたようです）。WEダイアリーも個人的な記録です。今回読ませてもらったWEダイアリーには書いた人の魂が込められていると、改めて教えられたように感じています。今後のWEダイアリーを使ったウェルビーイング支援、さらに、子ども支援全般にかかわることのすべてが魂に触れる活動になると心に刻みました。

マインドフルな気づき

興味深いことに、「今」を捉えて、その一瞬に感謝している日記がいくつかありましたので紹介しておきます。

・今この瞬間を全力で楽しんでいる自分。（中略）。すべての奇跡に感謝。
・朝起きると枕元にプレゼントがあったわけではない。しかし、いつもよりちょっぴり豪華な晩御飯をみんなで食べる。この時間こそがサンタクロースのプレゼントであろう。
・コタツに入り、ミカンや餅を食べるゆったりとした時間。こういう時間の過ごし方も時に

――はいいものだ。ただただのんびりとする、こういう一日があってもいい。

マインドフルに「今ここ」に注目し、「今」に感謝する言葉、「今」を一生懸命に生きている姿が見えてきます。人生の一瞬に感謝できる魂の尊さを感じてしまいました。

大学生のWEダイアリーを読んで、感謝について考えをめぐらすことができました。先に述べたエモンズの「感謝を育てる」というコンセプトを考える機会にもなりました。小学生と違うのは、大学生は二〇年近い年月の体験を通して、それぞれの価値観や生き方が形成されているということです。また、自己認知（自己への気づき）や他者認知・社会的認知（他者への気づき・社会的な気づき）などに対する認知能力も違います。

自分が何を大切にするのか、どういう生活を過ごしているのかなどに基づいて人やモノ、そして社会を捉えると、感謝する対象が広くなり、時には深くなっているようにも感じられました。このように、感謝が発展する過程に「感謝を育てる行動」があるように思えます。

とくに、モノ・コトにかぎられた感謝の対象が次第に家族や友人という身近な人に広がっていった例、自分を労るように「自分」に対する感謝を綴る言葉、「今」という一瞬に感謝できることなど、若い人なりに生きる力を感じているようでした。そして、家族、友人、一人ひとりに対する丁寧で詳細な感謝の言葉を書き続けられたWEダイアリーを見て、健気に、誠実に生きている姿がうかがえて感動してしまいました。

心理学の授業で配布し、「五点」を加点するという特典のある実践でしたから、それを目的に四〇日にわたってWEダイアリーを書き続けたという可能性も否めません。しかし、そうであったとしても、感謝を記入する過程で感謝を育てていったと考えられます。事実、冬休みが終わり、大学の講義が再開されたころのページには、授業への感謝、ともに学習する学友への感謝が多く見られました。また、それらを見ると、安心感をもって大学生活を送って[2]いると感じられました。

その後まもなく行われた試験では、ほとんどの学生が前回よりGPAを伸ばしていました。科目をたくさん履修している学生が多いので、GPAが上がったという結果は、どの科目に対しても頑張ったということになります。

WEダイアリーの提出日、夕方になって二人の学生が別々に私の研究室にやって来ました。二人とも、WEダイアリーに感謝を述べていました。その感謝は、「五点の加点があるのは助かる」というものでした。しかし、二人とも、加点がなくても十分な成績を収めていました。

さらに、試験終了後に分かったことですが、やはり二人ともGPAが前回よりも上がっていました。二人との会話を通じて、私自身も二人が頑張っている姿に気づけましたし、ありがたさを感じてしまいました。WEダイアリーを実践したことで、さまざまな波及効果を感じています。二人の学生も同じように感じ、何らかの形で感謝を示したいと思って研究室に来てくれたのかもしれません。

このように考えれば、ＷＥダイアリーは個人の活動ではありますが、教師と児童生徒、学生を結ぶ機能をもち合わせているように思えます。

感謝の介入としての効果検証では、個人の活動前後の変化を測ります。小学生を対象とした研究では、ウェルビーイングの向上が確認できました。大学生にも広く実施されていて、メンタルヘルスの向上が報告されています。しかし、今回は、心理学の試験に加点するという特典を付与したので、記入前後において測定するための質問紙調査は実施しませんでした。よって、ここに紹介した学生の変化は、あくまでも私の主観的なものです。ＧＰＡに関しては、前向きな変化が数値として表されましたが、ほかにもその向上に貢献した要因があるかもしれません。

では、なぜ加点目的でＷＥダイアリーを配布したのかというと、試験の成績を必要以上に心配している学生が多く、そのことが気になっていたからです。何とかして、安心材料となる方策を提供したかったのです。結果的には、ほとんどの人が五点の加点は必要ありませんでしたが。

ＳＥＬ（ソーシャル・エモーショナル・ラーニング）を推進する一人として非認知能力を育て

(２)　(Grade Point Average)「学業平均値」の頭文字を略した言葉で、元は欧米の高校や大学などで一般的に使われている成績評価の指標です。本学では「０～４」となっています。

る重要さを普段から強調していますので、ＧＰＡなどといった認知能力の数値を例にするというのは矛盾になるかもしれません。しかし、客観的な数値はやはりインパクトがあります。仮に、ＷＥダイアリーの実践によって学生のＧＰＡが向上しているとすれば、とても説得力のある結果になったと言えます。

とはいえ、まだ実証されたとは言えません。個人的には、ＷＥダイアリーの効果かどうかは別として、それぞれの学生が今まで以上に学修に取り組む姿、学友らと仲良く交流する様子、そして明るい笑顔が見られるようになったことは、このうえなくうれしい結果となりました。

終章

感謝の表現——言葉

チェコ語とドイツ語で書かれている「ありがとう」のメッセージカード

みなさんは、感謝に対して「ありがとう」という言葉で表現していますか。私の場合、「ありがとう」ではなく「おおきに」を使っていました。「おおきに」という言葉は、京都、滋賀、福井、三重、奈良、和歌山、大阪、兵庫の近畿圏、高知と福岡、大分、宮崎、佐賀、長崎の九州圏、秋田、山形の日本海側に広がっています［邦文文献17参照］。

本書に執筆中、ほかの表現としてどういうものがあるのかと気になって調べてみました。すると、**表7-1**に示すように、実にさまざまな「ありがとう」という表現がありました。

「ありがとう」は「有難い」から来ていると聞きます。「おおきに」は「おおきにありがとう」の略で、明治以降の関西で新しい感謝表現として使われるようになったようです。これらの表現の違いに社会文化に固有の道徳性や感情が含まれているのかどうかは分かりませんが、感謝を意味する言葉のバラエティーさから、その背景にある社会文化の影響が感じられます。

家庭でのしつけとは別に、小学校の道徳科目において「ありがとう」が扱われています。一年生から六年生まで、各学年における指導案をネット上で見ることができます。たとえば、五年生のある授業案では、目標を「わたしたちの生活が、互いの助け合いや協力によって成り立っていることを理解し、感謝する心情を養う」としています。このアプローチは、心理学者エモンズ博士らが言う「感謝を育てる」（一一七ページ参照）と同じです。設定理由として、次のように説明されています。

表７－１　「ありがとう」の表現

北海道	ありがと
青森	めやぐだ、ありがとうごす
岩手	おおきに（宮古地方）、ありがとがんす
秋田	おぎに、わり
山形	もっけだの（庄内地方）、ありがとさま
宮城	ありがとうござりす、どうもねー
福島	ありがとない
栃木	あんがと
群馬	ありがと
茨城	わりぃね、どうもね
千葉	ありがとう
埼玉	あんがと
東京	ありがとう、あんがと（江戸言葉）
神奈川	ありがとう
山梨	ありがたいんでごいす
新潟	ありがとね
富山	きのどくな
石川	きのどくな
長野	ありがとー（「と」のイントネーションを上げる）
岐阜	おおきに
静岡	ありがとっけねー
愛知	ありがとう（「が」にアクセント）
福井	おおきに
滋賀	おおきに、おせんどさん
京都	おおきに
大阪	おおきに、まいどー
兵庫	ありがとお
奈良	ありがとう（「と」にアクセント）
三重	おおきんな
和歌山	おおきに、ありがとやで
鳥取	だんだん
島根	だんだん、ありがとー
岡山	ありがとう
広島	ありがとう
山口	ありがとう
香川	ありがとう
徳島	どちらいか
高知	おおきに
愛媛	だんだん
福岡	おおきに、ありがと
佐賀	あいがと、おおきに
長崎	どうも、おおきに
大分	おおきに
熊本	だんだん（球磨地方）
宮崎	おおきん
鹿児島	あいがて、あいがとさげもした
沖縄	にふぇーでびる

出典：「日本全国『ありがとう』方言一覧」https://n-storyland.site/arigato-hogen/

日常生活の中で助けられたり支えられたりしたときにその人に対して感謝の気持ちをもつことは自然なことである。そのような時に自分たちを支えてくれた人々に対して意識を向け、その人々を尊敬し感謝する気持ちを育てることが大切である。支えてくれた多くの人々の行為から学び、更にそれにこたえて自分は何をするべきかを自覚し、進んで実践しようする意欲を育てることが必要である。(1)

授業の導入部分では、「ありがとうという言葉はどんなときに使いますか。そのときにどんな言い方をしていましたか」と問いかけ、感謝について考えます。次の展開では、「ありがとうを上手に」という教材を読んで、「わたし」の気持ちや考えを話し合ったあと、自分の生活を振り返ります。そして最後には、教師が自らの体験を話して授業をまとめています。

現在の道徳教育には、児童生徒が自分で考える力を育てるという目的がありますが、それを達成するためにも、活動を通して自らの生活や社会のあり様を考えていくことが期待されています。教材を読んで、登場人物の気持ちや思いを話し合うだけでは国語の授業のようになってしまいます。そのあとに、自分の生活を振り返る、教師の体験談を聞くという流れがあってこそ、道徳の授業らしさが加えられるといった授業案になっているようです。

また、道徳における感謝の授業では、「感謝を支えてくれた人に対して感謝の気持ちをもち、自分が実践すべき行動に気づく」という目的があります。自分が支えられた行動に対する返礼のような感謝行動を励ましているようです。

道徳では、このように社会のなかで互いに支え合う行動を育んでいくわけですが、心理学においても、感謝は社会的感情として向社会性を促す働きがあると言われています。さらに心理学では、返礼としての感謝行動にかぎらず、「ありがとう」という感謝の気持ちに対する効果まで検証しています。

学校における道徳教育では、全国に共通する「ありがとう」が感謝の言葉として用いられているでしょう。でも、実生活では、地域社会が使う言葉が選ばれているはずです。感謝の気持ちをどの言葉で表現するかは、子どもたちが暮らしている環境によって違ってきます。感謝を育てる取り組みは、教科としての教育ともなりますが、それ以上に、「環境による教育」という大きな土壌がその背景にあるように思われます。要するに、学校だけでなく地域という単位で感謝の心を育てる必要があるということです。

感謝は、社会的動物である人間の生活において、より良い関係をつくり、よい社会を築くことと

（1）「平成二七年度用小学校道徳5年　指導時案例16　ありがとう上手に」を参照。https://ten.tokyo-shoseki.co.jp/detail/80224/

に貢献しています。地域にある表現や言葉は、地域の文化として対人関係性に影響するように、社会文化的な働きをする感謝がどのように育っていくのかについて考えると、教育的な意義とともに個人のウェルビーイングの向上にも大きく寄与していると思われます。

それをふまえると、ＷＥダイアリーには、学校教育のなかで実施する教育としての役割と、学校以外のグループ設定や個人設定で取り組める活動としての役割があることを本書で証明してきたと言えます。本書は、子どもにかかわるすべての人に読んでいただきたいという願いを込めて書かれたものであることを改めて強調させていただきます。

全国の各地域で、感謝の言葉がさらに大きく響くことを願っています。

あとがき――「ありがとう」が育つところ

「ありがとう」を見つける活動であるＷＥダイアリーについて、どのような感想や意見をもたれましたか。感謝は、私たちの心の健康、人とのつながり、ウェルビーイングに関係するという働きについて、どのように思われましたか。そして、みなさんの行動に何か変化はありましたか。私たちの生活には感謝することがたくさんありますが、それに気づいていますか。「ありがとう」を言葉で示していますか。

身近にある「ありがとう」に気づき、感謝するという行為は、幸せの青い鳥が身近にいるという話につながるものです。実際、「感謝は私たちを幸せにする」ということに関係する本を三冊(1)読みました。何が幸せかは人によって違いますので、感謝が本当に私たちを幸せにしてくれるのかどうかは分かりません。でも、子どものウェルビーイングを測定した私たちの研究では、感謝

(1)『毎日を好転させる感謝の習慣』（スコット・アラン／弓場隆訳、ディスカヴァー・トゥエンティワン、二〇二二年）、『「感謝」で思考は現実になる』（パム・グラント／桜田直美訳、サンマーク出版、二〇一六年）、『科学的に幸せになれる脳磨き』（岩崎一郎著、サンマーク出版、二〇二〇年）

はウェルビーイングを高める、つまり身体的、心理的、社会的により良い状態になるという結果を確かめました。

　主観的なウェルビーイングを測る質問事項を使いましたから、子どもがどのように思うのかを測っていることになります。そこで出された「良い」という判断は、子どもの良い状態、つまり幸福感を表していることになります。

　みなさんは、感謝について何か考えたり、気づいたりしましたか？　私は、いろいろな感謝の研究が進んでいること、そして感謝の効果が確認されていることに驚きました。効果があると分かってから、ふと、私自身における感謝の回数が毎日どれくらいあるのかと気になりました。そこで、「ありがとう」を言った回数を数えてみました。

　その日は出張で、バスに乗り、電車に乗り、会議会場で知らない人たちと会い、会場近くのレストランでランチをとるという、普段とは違う一日でした。「ありがとう」を言った回数は二〇回でした。家を出てから帰宅するまでの一〇時間に二〇回なので、単純に割ると一時間に二回となります。この数字が多いのか少ないのかは分かりませんが、公共の場で過ごす一日であれば、「ありがとう」を見つけ、「ありがとう」を言葉にする機会は多くなるでしょう。

　バスに乗れば、降りるときに「ありがとう」と運転手さんに言っています。でも、前乗り後ろ降りのバスでは、降りるときに言いにくいです。かなり大きな声で言わないと運転手さんに届きませんので、「恥ずかしい」というためらいから言っていません。

かつては、電車の切符を窓口で買っていたときに駅員さんに対して「ありがとう」を言っていました。しかし、自販機で切符を買うようになると、駅員さんにお礼を言うことができません。そう考えると、公共の場で感謝を述べる機会が少なくなったと言えます。でも、運転手さんに感謝する気持ちをもったり、自販機に感謝することはできます。

心理学における感謝の介入には言葉で述べる方法が記されていますが、「感謝の日記」であるWEダイアリーでは身近な感謝に気づく活動となっていますので、一日を過ごす場所や設定がどうであれ、感謝の活動はできるのです。

もちろん、感謝を言葉で伝えると、そこに生まれる感情や関係性が強まるため、その影響が強くなったり広がったりします。

かなり前の話になりますが、心理学の研究では参加してくれる人を捜すのが大変です。そのときは、研究目的のために五〇人という幼児の保護者に参加してもらう必要がありました。関係団体を回ってお願いする、チラシをまく、情報誌に掲載するなど、できるかぎりの方法を駆使してお願いしました。

少しずつ集まりだしたころ、ある保護者から電話があり、「事情があって参加できない」という連絡を受けました。失望に近い落胆は大きく、何と答えていいのかと、考えるのに少し時間を必要としたくらいです。しかし、そのとき、「ありがとうございます」という言葉が出てきたのです。電話の向こうの人は、断りの連絡に対してお礼を言うなんて、と思ったのでしょう。驚いているような気配がうかがえました。

そして、「実は、一番目に参加のご連絡をくれたので本当にうれしかった、勇気づけられた」と、正直なお礼の気持ちを伝えしました。また、事前に連絡をくれたことに対してもお礼を述べました。すると、その人は、「プログラムには参加できないけれど、アンケート調査には参加する」と言ってくれました。二五人のプログラム参加者のデータと比較するために、同じ時期にアンケートに答えてもらうデータの提供者二五人が必要だったので、本当にありがたいと思いました。このときほど、「ありがとう」という言葉が関係性に及ぼす威力を実感したことはありません。

断りの電話を受けたとき、「そうですか、分かりました」と残念そうに言って電話を切っていたら、アンケートに答えるという親切な申し出はなかったと思います。困ったとき、落胆したときに「ありがとう」を見つけ、言葉で伝えることは大切、あるいは役に立つと気づいた出来事でした。

このような体験は、みなさんにもたくさんあることでしょう。みなさんも、これまでを振り返って、感謝に関係する経験を思い出してみてください。

本書を、子どもを支援する人、子どもにかかわっている人にぜひ読んでいただきたいと思っています。「まえがき」では、WEダイアリーに取り組んでくださった校長先生からいただいた言葉を紹介しました。学校全体でWEダイアリーに取り組まれた過程で聞かせていただいたその言葉を再掲します。

子どもたちに笑顔が増えたし、楽しいこと、うれしいことを、私にまで伝えてくれるようになりました。

校長先生は、子どもたちのアンケートとともにお手紙を送ってくださいましたので、それも紹介します。

ダイアリーはよい経験になりました。アンケートに変化が出ているようにも思います。子どもたち自身の課題・問題も浮き彫りにされるようにも思うし、生徒指導に、学級経営にも役立ちます。（略）本校教員とも、今回の観察やら、記録することにより、子どもたちの生徒指導に寄与することを校内研修にて話し合いました。

アンケートがどれだけ研究にお役に立つか分かりませんが、本校にとっては得るものがあったようです。本当にありがとうございました。

お手紙をいただいてから、いつかこの学校を訪ねてみたいと思っていました。インターネットで調べると、徳島県阿南市の岬の先に建つ、海に面した学校のようです。そして、二〇二四年五月三日、晴天の昼下がりに訪問しました。細い道をどんどん進んでいって、探し当てることができました。休日であったため誰もいませんでしたが、その佇まいに校長先生の言葉に感じた温かさが重なりました。

木造校舎には大きなガラス戸がふんだんに使われており、そのガラス窓から見ると海辺の風景が広がっています。穏やかな美しい濃紺の入り江、その向こうには鮮やかな新緑が美しい山、文字どおり美しい景色をつくっていました。

ここで子どもたちが「ありがとう」を見つけ、先生方が「感謝を育ててくださった」のです。子どもたちと先生方が取り組んでくれた時間に「ありがたい」という感動が湧いてきました。

WEダイアリーには、「ありがとうを見つける」活動を子どもたちに提供するという目的があります。WEダイアリーに記入する子どもたちを励まして、「感謝を育てる」という活動をしてくださっ

阿南市の岬

椿泊小学校

た先生がこの小学校にいたのです。この取り組みによって、感謝を見つけやすい環境が小学校のなかにつくられていったように感じています。美しい岬に建つ小学校は、感謝が育つところになっていったと思います。

私たちの「ありがとうを見つける」活動と、一一七ページで紹介したエモンズたちの「感謝を育てる」の違いについて、本書を書き進めていくことで徐々に理解できるようになりました。実は、この違いについてはずっと考えていました。何がどう違うのだろうか、社会文化的な感謝のとらえ方によるものだろうか、と思った時期もありました。

岬にある学校での取り組みからとらえると、子どもの「見つける」活動と先生方の「育てる」活動がはっきりと感じられました。このとらえ方を横軸と考えます。それに対して、小学生と大学生を比べて感じた感謝の発達のなかでは、「見つける」が「育てる」に広がる展開があり、縦軸と考えることができます。このように理解すると、感謝を、点ではなく広がりをもつ面としてとらえることができます。面としてとらえると、感謝の広がりを感じることができます。私たちの感謝はつながり、広がり、さらに感謝があるところをつくりだせるのです。

ウェルビーイングを「身体」、「心理」、「社会」という三つの要因で考えると、子ども自身ができることはかぎられてきます。ただ、心理的なウェルビーイングは、気持ちのもちようがポジティブであったり、前向きな考え方があることで向上しますから、子どもでも可能です。実際、ポジティブな感情や思考を育てることを目的にして実践している心理教育もあります。

しかし、心理学の理論に基づいた指導を受けて、充分に練習する必要があるため、学校では時間的に難しいでしょう。一方、WEダイアリーでは、少しの時間さえあれば、自分の周りや生活に感謝を見つけていくことができます。そして、感謝するマインドセットを育て、次第にポジティブな感情や思考を育んでいくことになります。

小学生の保護者が発した言葉を覚えていますか。「ありがとうを探す活動で（子どもの）ものの見方が前向きになった」という報告（xvページ）がありました。子どもの様子から、前向きなものの見方になった変化に気づき、知らせてくれたのです。この方は、子どもが前向きに生活を送るということを大切にされているから変化に気づいたのかもしれませんが、前向きに頑張る子どもの様子を見るのは私たちにとっても嬉しいものです。

WEダイアリーをつくるとき、デジタル版にしてはどうか、という話し合いをしています。小学生は全員タブレットを持っていますし、授業で使い慣れているからです。タブレットにシートを表示して、感謝の対象を記入したり、選択肢から一つを選んでクリックしたりなど、上手に課題を完成することでしょう。どちらがよいのかは分かりませんが、本の体裁をなしているWEダイアリーは、子どもの生活を反映できるリアリティーの高いものになる点で気に入っています。

ところで、日記を書くとさまざまな効果があるそうです。WEダイアリーは普通の日記に比べると書く内容はかぎられていますので、日記と同じような効果はないかもしれません。それでも、その日の記録となり、自分の記録となります。

人とのつながりを感じたり、自分の気持ちを見つめたりする時間を刻みます。日記を開いたときから自分の世界がはじまり、鉛筆などを持って、何を書こうかという思考がはじまります。日記が個人の記録として価値あるように、WEダイアリーも子どもたちが「ありがとうを見つける」記録として、想像以上の価値を見いだすことになるでしょう。

そして、大人のみなさんには、「感謝を育てる」環境づくりや声掛けをしていただきたいと願っています。日記ですので、誰かに見せるものではないと思います。でも、先生方や支援者がどのように支援するかによって、子どもの楽しさややる気が変わってきます。

先生方の感想には、「次第に子どもたちの負担になってしまった」というものもあれば、「書いているうちにありがとうの対象がどんどん広がり、子どもたちにとってよい取り組みになった」とか「楽しい内容、前向きな考えになっていった」というものがありました。この違いは何によるものなのだろうかと考えました。そんななか、一人の先生が、「一人ではなくみんなで取り組んだことがよかったのではないか」と書いてくれていました。

WEダイアリーは個人の活動ではありますが、クラスや課外活動、放課後の活動などで取り組むと、みんなで行うものとなります。集団の取り組みから発生するグループダイナミックスという力が湧いてくるのです。日記という個人の活動ではありますが、WEダイアリーではグループダイナミックスを利用することができるのです。

WEダイアリーの研究に協力してくださいましたみなさまに深謝申し上げます。和歌山県田辺市立新庄第二小学校、田辺市昭和幼稚園、徳島県阿南市立椿泊小学校、徳島文理大学人間生活学部児童学科のみなさまには、実践紹介にご快諾いただき深く御礼を申し上げます。

また、本書を上梓する機会を与えてくださいました新評論のみなさまに心より感謝申し上げます。感謝の効果を研究としてまとめている私たちに、感謝の社会的な意義を熱く語ってくださいました。子どものウェルビーイングを願って研究している私たちの思いは、その熱意に導かれて本にすることができました。本書を読んでくださるみなさまとその熱い「想い」と「願い」が共有できますこと、感謝が人と人をつないで、私たちみんなのウェルビーイングが向上することを願っています。

最後に、本書を読んでくださったみなさまに心より感謝を申し上げます。ありがとうございました。

二〇二四年七月　　松本有貴

Corticolimbic anatomical characteristics predetermine risk for chronic pain. Brain, 139, 1958-70. doi: 10.1093/brain/aww100.

⑲ Wathen, C. N., MacGregor, J. C., Hammerton, J., Coben, J. H., Herrman, H., Stewart, D.E., et al.(2012). Priorities for research in child maltreatment, intimate partner violence and resilience to violence exposures: Results of an international Delphi consensus development process. BMC Public Health, 12,684.

⑳ Watkins, P. C., Grimm, D. L.,and Kolts,R.(2004).Counting your blessings: Positive memories among grateful persons.Current Psychology: Developmental, Learning, Personality, Social, 23, 52-67

㉛ White, M. A., & McCallun, F. (2020). Responding to teacher quality through an evidence-informed wellbeing framework for initial teacher education. Teacher education in globalised times: Local responses in action, 115-137.

㉜ WHO (2021) "Well-being". Health Promotion Glossary of Terms, 10p.

㉝ WHO （2021） Suicide rates https://www.who.int/data/gho/data/themes/mental-health/suicide-rates

㉞ Wood AM, Froh JJ, Geraghty AW. Gratitude and well-being: a review and theoretical integration. Clin Psychol Rev. 2010 Nov;30(7):890-905. doi: 10.1016/j.cpr.2010.03.005. Epub 2010 Mar 20. PMID: 20451313.

㉟ Zahedi, H., Djalalinia, S., Sadeghi, O., Zare Garizi, F., Asayesh, H., Payab, M., Zarei, M., & Qorbani, M. (2022). Breakfast consumption and mental health: A systematic review and meta-analysis of observational studies. Nutritional Neuroscience, 25(6), 1250–1264. https://doi.org/10.1080/1028415X.2020.1853411

㊱ Zahn, R., Moll, J., Paiva, M., Garrido, G., Krueger, F., Huey, E.D., & Grafman, J. (2009). The neural basis of human social values: evidence from functional MRI. Cerebral Cortex, 19(2):276-83. doi: 10.1093/cercor/bhn080.

㊲ Zhang, J., Ma, G., Du, S., Liu, S., & Zhang, N. (2021). Effects of Water Restriction and Supplementation on Cognitive Performances and Mood among Young Adults in Baoding, China: A Randomized Controlled Trial (RCT). Nutrients, 13(10), Article 10. https://doi.org/10.3390/nu13103645

68 Seligman, M. E. P., Ernst, R. M., Gillham, J., Reivich, K., & Linkins, M. (2009). Positive education: positive psychology and classroom interventions, Oxford Review of Education, 35:3, 293-311, DOI: 10.1080/03054980902934563

69 Selye, H. (1983) The Stress Concept: Past, Present and Future. In Cooper, C.L.(Ed.), Stress Research Issues for the Eighties, pp. 1-2-. John Wiley & Sons.

70 Shiota, M. N. (2017). Comment: The science of positive emotion: You've come a long way, baby/There's still a long way to go. Emotion Review, 9, 235- 237

71 Sigmund, K. (2007). Punish or perish? Retaliation and collaboration among humans. Trends Ecol. Evol. 22, 593–600. doi: 10.1016/j.tree.2007.06.012

72 Strack, F,, Martin, L. L., & Stepper, S. (1988). "Inhibiting and facilitating conditions of the human smile: a nonobtrusive test of the facial feedback hypothesis." Journal of Personality and Social Psychology, 54, 768–777.

73 Suskind, et al.(2008). Expressing fear enhances sensory acquisition. Nature Neuroscience 11, 843 – 850. doi:10.1038/nn.2138

74 Takizawa, Y., Matsumoto, Y., & Ishimoto, Y. (2024) Relationship between teacher and student psychological well-being in a Japanese context, International
Journal of School & Educational Psychology, 12(1), 26-40, DOI: 10.1080/21683603.2023.2271411

75 Tang, J., Liao, Y., Kelly, B.C., Xie, L., Xiang, Y.T., Qi, C., Pan, C., Hao, W., Liu, T., Zhang, F., & Chen, X. (2017). Gender and Regional Differences in Sleep Quality and Insomnia: A General Population-based Study in Hunan Province of China. Scientific Reports, 7, 43690. doi: 10.1038/srep43690.

76 Tolcher, K., Cauble, M., & Downs, A. (2024). Evaluating the effects of gratitude interventions on college student well-being. Journal of American College Health, 72(5), 1321–1325. https://doi.org/10.1080/07448481.2022.2076096

77 Turner, S. (2019). You got this. Squidoodle.

78 Vachon-Presseau, E., Tétreault, P., Petre, B., Huang, L., Berger, S.E., Torbey, S., Baria, A.T., Mansour, A.R., Hashmi, J.A., Griffith, J.W., Comasco, E., Schnitzer, T.J., Baliki, M.N., & Apkarian, A.V. (2016).

57 OECD (2018), "Japan," in Education at a Glance 2018: OECD Indicators, OECD Publishing, Paris. https://doi.org/10.1787/eag-2018-54-en.

58 OECD（2021）OECD Family Database, https://www.oecd.org/els/family/database.htm

59 OECD (2021) Beyond Academic Learning: First Results from the Survey of Social and Emotional Skills, OECD Publishing, Paris, https://doi.org/10.1787/92a11084-en

60 OECD (2020) http://www.oecd.org/education/2030-project/teaching-and learning compass2030/OECD_Learning_Compass_2030_concept_note.pdf

61 Owens, R. L., & Waters, L. (2020). What does positive psychology tell us about early intervention and prevention with children and adolescents? A review of positive psychological interventions with young people, The Journal of Positive Psychology, 15:5, 588-597, DOI: 10.1080/17439760.2020.1789706

62 Peterson, C., & Seligman, M. E. P. (2004). Character strengths and virtues: A handbook and classification. Oxford University Press; American Psychological Association.

63 Pistollato, F., Sumalla Cano, S., Elio, I., Masias Vergara, M., Giampieri, F., & Battino, M. (2016). Associations between Sleep, Cortisol Regulation, and Diet: Possible Implications for the Risk of Alzheimer Disease. Advances in Nutrition, 7(4), 679–689. https://doi.org/10.3945/an.115.011775

64 Pittock A, Meagher L, Lawrie SM. Evaluating PsychEd: a mental health and well-being educational programme for secondary schools. BJPsych Open. 2019;5(3):e36. doi:10.1192/bjo.2019.23

65 Rosenberg, M. (1965). Society and the adolescent self-image. Princeton University Press.

66 Russo, M. A., Santarelli, D. M., & O'Rourke, D. (2017). The physiological effects of slow breathing in the healthy human. Breathe, 13(4), 298–309. https://doi.org/10.1183/20734735.009817

67 Ryan, R. M., & Deci, E. L. (2000). Self-determination theory and the facilitation of intrinsic motivation, social development, and well-being. American Psychologist, 55(1), 68–78. https://doi.org/10.1037/0003-066X.55.1.68

㊼ Lieberman, M.D., Eisenberger, N.I., Crockett, M.J., Tom, S.M., Pfeifer, J.H., & Way, B.M. (2007). Putting feelings into words: affect labeling disrupts amygdala activity in response to affective stimuli. Psychological Science, 18(5):421-8. doi:10.1111/j.1467-9280.2007.01916.x.

㊽ Llenares, I. I., Deocaris, C. C., Espanola, M., & Sario, J. A. (2020). Gratitude moderates the relationship between happiness and resilience. The International Journal of Emotional Education, 12(2), 103–108.

㊾ Lomas, T., Froh, J. J., Emmons, R. A., Mishra, A., & Bono, G. (2014). Gratitude interventions: A review and future agenda. The Wiley Blackwell handbook of positive psychological interventions, 1-19.

㊿ Masten, A.S., & Barnes, A. J. (2018). Resilience in children: Developmental perspectives. Children (Basel), 5(7):98. doi: 10.3390/children5070098.

51 McCullough, M. E., Emmons, R. A., & Tsang, J.-A. (2002). The grateful disposition: A conceptual and empirical topography. Journal of Personality and Social Psychology, 82(1), 112–127. https://doi.org/10.1037/0022-3514.82.1.112

52 McCullough, M. E., Kimeldorf, M. B., & Cohen, A. D. (2008). An adaptation for altruism? The social causes, social effects, and social evolution of gratitude. Current Directions in Psychological Science, 17(4), 281–285. https://doi.org/10.1111/j.1467-8721.2008.00590.x

53 Murakami, M., Hiraishi, K., Yamagata, M., Nakanishi, D., Ortolani, A., Mifune, N., ... & Miura, A. (2023). Differences in and associations between belief in just deserts and human rights restrictions over a 3-year period in five countries during the COVID-19 pandemic. PeerJ, 11, e16147.

54 Naito, T., Wangwan, J., & Tani, M. (2005). Gratitude in university students in Japan and Thailand. Journal of Cross-Cultural Psychology, 36(2), 247-263.

55 Nielsen G, Mygind E, Bølling M, Otte CR, Schneller MB, Schipperijn J, Ejbye-Ernst N, Bentsen P. A quasi-experimental cross-disciplinary evaluation of the impacts of education outside the classroom on pupils' physical activity, well-being and learning: the TEACHOUT study protocol. BMC Public Health. 2016 Oct 24;16(1):1117. doi: 10.1186/s12889-016-3780-8. PMID: 27776502; PMCID: PMC5078947.

56 OECD (2015) pisa2015_20170419_report.pdf (nier.go.jp)

Understanding what shapes child wellbeing in rich countries. https://doi.org/10.18356/76065286-en

㊳ Isen A. M., Rosenzweig A. S., & Young, M.J. (1991). The influence of positive affect on clinical problem solving. Medical Decision Making, 11(3):221-7.
doi: 10.1177/0272989X9101100313.

㊴ Kato K, Matsumoto Y, Hirano Y. (2022). Effectiveness of school-based brief cognitive behavioral therapy with mindfulness in improving the mental health of adolescents in a Japanese school setting: A preliminary study. Frontier in Psychology, 3;13:895086. doi: 10.3389/fpsyg.2022.895086

㊵ Katsuki, T., Mori, I. K., Housing, M., & Yanagimoto, I. Y. (2005). Effects of Taking a Hot Spring Bath on Relaxation. Studies Fukui University, 61(4), 1–7. Tochihara, Y. (2022). A review of Japanese-style bathing: Its demerits and merits. Journal of Physiological Anthropology, 41(1), 5. https://doi.org/10.1186/s40101-022-00278-0

㊶ Kim,Y., Peng, S., & Chiu, C.(2008). Explaining self-esteem differences between Chinese and North Americans: Dialectical self (vs. self-consistency) or lack of positive self-regard. Self and Identity, 7:2, 113-128. DOI: 10.1080/15298860601063437

㊷ Kini P, Wong J, McInnis S, Gabana N, Brown JW. The effects of gratitude expression on neural activity. Neuroimage. 2016 Mar;128:1-10. doi: 10.1016/j.neuroimage.2015.12.040. E

㊸ Lange, C. G., & James, W. (1922). The Emotions . Nature 110, 730–731. https://doi.org/10.1038/110730b0

㊹ Layous, K., & Lyubomirsky, S. (2014). Benefits, mechanisms, and new directions for teaching gratitude to children. School Psychology Review, 43(2), 153-159.

㊺ Lee, L.O., James, P., Zevon, E.S., Kim, E.S., Trudel-Fitzgerald, C., Spiro, A. 3rd, Grodstein, F., & Kubzansky, L.D. (2019). Optimism is associated with exceptional longevity in 2 epidemiologic cohorts of men and women. Proceedings of the National Academy of Sciences. 10;116(37):18357-18362. doi: 10.1073/pnas.1900712116.

㊻ Legatum Institute (2023) the 2023 Legatum Prosperity Index report https://www.prosperity.com/

Positive Psychology. In C. R. Snyder, & S. J. Lopez (Eds.), Handbook of Positive Psychology (pp. 459-471). New York: Oxford University Press.

㉙ Fox, G.R., Kaplan, J., Damasio, H., & Damasio, A. (2015). Neural correlates of gratitude. Frontie in Psychology, 30(6):1491. doi: 10.3389/fpsyg.2015.01491.

㉚ Fredrickson, B. L.(2004). The broaden-and-build theory of positive emotions. Philos Trans R Soc Lond B Biol Sci, 359(1449):1367-78. doi: 10.1098/rstb.2004.1512.

㉛ Greenberg, M. S. (1980). A theory of indebtedness. In Social exchange: Advances in theory and research (pp. 3-26). Boston, MA: Springer US.

㉜ Gueldner, B. A., Laura L. Feuerborn, L. L., & Merrell, K. W. (2020). Social and Emotional Learning in the Classroom: Promoting Mental Health and Academic Success. Guilford Press.

㉝ Hamdani, S. U., Zill-e-Huma, Zafar, S. W., Suleman, N., Um-ul-Baneen, Waqas, A., & Rahman, A. (2022). Effectiveness of relaxation techniques 'as an active ingredient of psychological interventions' to reduce distress, anxiety and depression in adolescents: A systematic review and meta-analysis. International Journal of Mental Health Systems, 16, 31. https://doi.org/10.1186/s13033-022-00541-y

㉞ Hirshkowitz, M., Whiton, K., Albert, S. M., Alessi, C., Bruni, O., DonCarlos, L., Hazen, N., Herman, J., Adams Hillard, P. J., Katz, E. S., Kheirandish-Gozal, L., Neubauer, D. N., O'Donnell, A. E., Ohayon, M., Peever, J., Rawding, R., Sachdeva, R. C., Setters, B., Vitiello, M. V., & Ware, J. C. (2015). National Sleep Foundation's updated sleep duration recommendations: Final report. Sleep Health, 1(4), 233–243. https://doi.org/10.1016/j.sleh.2015.10.004

㉟ Hitokoto, H. (2016). Indebtedness in cultural context: The role of culture in the felt obligation to reciprocate. Asian Journal of Social Psychology, 19(1), 16-25.

㊱ Huta, V. and Ryan, R. M. (2010). Pursuing Pleasure or Virtue: The Differential and Overlapping Well-Being Benefits of Hedonic and Eudaimonic Motives. Journal of Happiness Studies. 11(6), pp. 735 - 762. https://doi.org/10.1007/s10902-009-9171-4

㊲ Innocenti Report Card 16 (UNICEF, 2020): Worlds of Influence:

⑲ David R. Stefan, E. M. Lefdahl, D., Alayan, A. J., & Wittwer, J. L. (2021). The impact of gratitude letters and visits on relationships, happiness, well-being, and meaning of graduate students. Journal of Positive Psychology and Wellbeing, 5(2), Article 2.

⑳ Davidson, R., McEwen, B. (2012). Social influences on neuroplasticity: stress and interventions to promote well-being. Nature Neuroscience 15, 689–695. https://doi.org/10.1038/nn.3093 https://www.mindful.org/science-reveals-well-skill/

㉑ Diniz, G., Korkes, L., Tristão, L. S., Pelegrini, R., Bellodi, P. L., & Bernardo, W. M. (2023). The effects of gratitude interventions: A systematic review and meta-analysis. Einstein, 21, eRW0371. https://doi.org/10.31744/einstein_journal/2023RW0371

㉒ Disabato, D. J., Goodman, F. R., Kashdan, T. B., Short, J. L., & Jarden, A. (2016). Different types of well-being? A cross-cultural examination of hedonic and eudaimonic well-being. Psychological Assessment, 28(5), 471–482. https://doi.org/10.1037/pas0000209

㉓ Durlak JA, Weissberg RP, Dymnicki AB, Taylor RD, Schellinger KB. The impact of enhancing students' social and emotional learning: a meta-analysis of school-based universal interventions. Child Dev. 2011 Jan-Feb;82(1):405-32. doi: 10.1111/j.1467-8624.2010.01564.x.

㉔ Dweck, C. S. （1986）。Motivational processes affecting learning. American Psychologist, 41(10), 1040.

㉕ Emmons,R.A.,& McCullough、M.E. (2003). Counting blessings versus burdents:An Experimental Investigation of Gratitude and Subjective Well-Being in Daily Life, Journal of Personality and Social Psychology.

㉖ Emmons, R. A., & McCullough, M. E. (2004). The Psychology of Gratitude. Oxford University Press. https://doi.org/10.1093/acprof:oso/9780195150100.001.0001

㉗ Emmons, R. A., & McNamara, P. (2006). Sacred emotions and affective neuroscience: Gratitude, costly-signaling, and the brain. In P. McNamara (Ed.), Where God and man meet: How the brain and evolutionary sciences are revolutionizing our understanding of religion and spirituality (pp. 11-30). Praeger.

㉘ Emmons, R. A., & Shelton, C. M. (2002). Gratitude and the Science of

❿ Carrillo, S., Robles, D., Bernal, A., Ingram, G., & Gómez, Y. (2023). What gratitude looks like from Colombian children's perspectives. Journal of Moral Education, 52(3), 291–309. https://doi.org/10.1080/03057240.2021.2012435

⓫ Chaput, J.-P., Willumsen, J., Bull, F., Chou, R., Ekelund, U., Firth, J., Jago, R., Ortega, F. B., & Katzmarzyk, P. T. (2020). 2020 WHO guidelines on physical activity and sedentary behaviour for children and adolescents aged 5-17years: Summary of the evidence. The International Journal of Behavioral Nutrition and Physical Activity, 17(1), 141. https://doi.org/10.1186/s12966-020-01037-z

⓬ Charities Aid Foundation (2024) World Giving Index 2023 https://www.cafonline.org/docs/default-source/about-us-research/wgi_report_2023_final.pdf?sfvrsn=402a5447_2

⓭ Chauntry, A. J., Bishop, N. C., Hamer, M., & Paine, N. J. (2022). Sedentary behaviour, physical activity and psychobiological stress reactivity: A systematic review. Biological Psychology, 172, 108374. https://doi.org/10.1016/j.biopsycho.2022.108374

⓮ Chen, C., Lee, S. Y., & Stevenson, H. W. (1995). Response style and cross-cultural comparisons of rating scales among East Asian and North American students. Psychological Science, 6(3), 170-175.

⓯ Chopik, W. J., Newton, N. J., Ryan, L. H., Kashdan, T. B., & Jarden, A. J. (2019). Gratitude across the life span: Age differences and links to subjective well-being. The journal of positive psychology, 14(3), 292-302.

⓰ Chowdhury, M.R. (2019). The Neuroscience of Gratitude and Effects on the Brain. Positive Psychology. https://positivepsychology.com/neuroscience-of-gratitude

⓱ Dahl, C. J., Wilson-Mendenhall, C. D., & Davidson, R. J. (2020). The plasticity of well-being: A training-based framework for the cultivation of human flourishing. Proceedings of the National Academy of Sciences, 117(51), 32197–32206. https://doi.org/10.1073/pnas.2014859117

⓲ Danner, D.D., Snowdon, D.A., & Friesen, W.V. (2001). Positive emotions in early life and longevity: findings from the nun study. Journal of Personality and Social Psychology, 80(5):804-13. PMID: 11374751.
(https://www.jppanetwork.org/what-is-positivepsychology)

英文文献一覧

❶ Algoe, S. B. (2012). Find, remind, and bind: The functions of gratitude in everyday relationships. Social and Personality Psychology Compass, 6, 455–469. https://doi.org/10.1111/j.1751-9004.2012.00439.x.

❷ Algoe, S. B., Dwyer, P. C., Younge, A., & Oveis, C. (2020). A new perspective on the social functions of emotions: Gratitude and the witnessing effect. Journal of Personality and Social Psychology, 119, 40. https:// doi. org/ 10. 1037/ pspi0 000202

❸ Algoe, S. B., Haidt, J., & Gable, S. L. (2008). Beyond reciprocity: Gratitude and relationships in everyday life. Emotion, 8(3), 425–429. https://doi.org/10.1037/1528-3542.8.3.425

❹ Bandura, A. (1977). "Self-efficacy: Toward a unifying theory of behavioral change". Psychological Review, 84 (2), 191-215. doi:10.1037/0033-295X.84.2.191.

❺ Biber, D. (2020) Teaching Gratitude for Social and Emotional Learning, Strategies, 33(2), 32-34, DOI: 10.1080/08924562.2020.1706984
(https://www.1101.com/ichiro/2004-03-26.html　参照)

❻ Bølling,M.(2019). Ma (Ed). Health Promotion, Steno Diabetes Center Copenhagen (SDCC). In Ma (Ed), Educational Psychology.
https://www.schoolsforhealth.org/sites/default/files/editor/mads-bolling-capacity-building.pdf

❼ Bølling, M., Mygind, L, Elsborg, P., Melby, P.S., Barfod, K.S,, Brønd, J.C., Klinker, C.D., Nielsen, G., & Bentsen, P. (2023). Efficacy and mechanisms of an education outside the classroom intervention on pupils' health and education: the MOVEOUT study protocol. BMC Public Health, 19;23(1):1825. doi: 10.1186/s12889-023-16618-3.

❽ Boniwell, I., & Ryan, L. (2012). Personal well-being: Lessons for secondary schools, positive psychology in action for 11 to 14 year olds. New York: Open University Press, McGraw-Hill Education.

❾ Bono, G., & Odudu, C. (2016). Promoting the development of gratitude to build character and improve society. In Perspectives on gratitude (pp. 199-212). Routledge.

CASEL(2023) https://casel.org/sel-framework/

㊹メアリー・ウェルフォード／石村郁夫、野村俊明訳（2016）実践セルフ・コンパッション 自分を追いつめず自信を築き上げる方法　誠信書房
㊺モーリス・メーテルリンク 末松氷海子訳（2004）岩波書店（168ページ）
㊻文部科学省（2009）「教師が知っておきたい子どもの自殺予防」のマニュアル及びリーフレットの作成について　https://www.mext.go.jp/b_menu/shingi/chousa/shotou/046/gaiyou/1259186.htm
㊼文部科学省（2015）　チームとしての学校の在り方と今後の改善方策について（答申（案））参考資料　https://www.mext.go.jp/b_menu/shingi/chukyo/chukyo0/gijiroku/__icsFiles/afieldfile/2015/12/28/1365606_3_4.pdf
㊽文部科学省（2019）　不登校児童生徒への支援の在り方について（通知）https://www.mext.go.jp/a_menu/shotou/seitoshidou/1422155.htm
㊾文部科学省（2022a）「教師不足」に関する実態調査　https://www.mext.go.jp/content/20220128-mxt_kyoikujinzai01-000020293-1.pdf
㊿文部科学省（2022b）　生徒指導提要
51文部科学省（2023a）　令和４年度児童生徒の問題行動・不登校等生徒指導上の諸課題に関する調査結果　https://www.mext.go.jp/content/20231004-mxt_jidou01-100002753_1.pdf
52文部科学省（2023b）　誰一人取り残されない学びの保障に向けた不登校対策（COCOLOプラン）　https://www.mext.go.jp/content/20230418-mxt_jidou02-000028870-cc.pdf
53ロバート・エモンズ（2021）『「感謝」の心理学：心理学者がすすめる「感謝する自分」を育む21日間プログラム』中村浩史訳、産業能率大学出版
54山田洋平（2008）社会性と情動の学習（SEL）の必要性と課題：日本の学校教育における感情学習プログラムの開発・導入に向けて　広島大学大学院教育学研究科紀要 . 第一部 , 学習開発関連領域 , 57, 145-154.
55山本・渡辺・松本・バーナード『レジリエンスを育てよう――子どもの問題を予防・軽減する YOU CAN DO IT!』（2023）新評論

㉚日本教職員組合（2023）　2023年学校現場の働き方改革に関する意識調査　https://www.jtu-net.or.jp/wp/wp-content/uploads/2023/11/4b981be5e22c4f138803ae05acb70d48.pdf

㉛日本財団（2018）　不登校傾向にある子どもの実態調査　https://www.nippon-foundation.or.jp/app/uploads/2019/01/new_inf_201811212_01.pdf

㉜日本神経科学学会，脳科学辞典編集委員会『脳科学辞典』オンライン辞典　https://www.mhlw.go.jp/stf/seisakunitsuite/bunya/hukushi_kaigo/seikatsuhogo/jisatsu/jisatsuhakusyo2022.html

㉝廣瀬悠貴・本多明生（2022）「感謝介入による死の不安軽減効果に関する研究」『感情心理学研究』29 (1), 16-24. DOI https://doi.org/10.4092/jsre.29.1_16

㉞不登校児童生徒の実態把握に関する調査企画分析会議（2021）　不登校児童生徒の実態把握に関する調査報告書　https://www.mext.go.jp/content/20211006-mxt_jidou02-000018318_03.pdf

㉟藤森克彦　（2021）　単身高齢者の生活上のリスクと生きがいに関する国際比較　第９回高齢者の生活と意識に関する国際比較調査　https://www8.cao.go.jp/kourei/ishiki/r02/zentai/pdf/4_6.pdf

㊱フレッド・ルーサンス ほか／開本浩矢ほか訳（2020）『こころの資本――心理的資本とその展開』中央経済社、

㊲フレドリクソン，Ｂ・Ｌ／高橋由紀子訳（2010）『ポジティブな人だけがうまくいく３：１の法則』日本実業出版社

㊳ベネッセ教育総合研究所（2017）　第６回学習指導基本調査 DATA BOOK（小学校・中学校版）

㊴ベネッセ総合教育研究所（2018）　幼児期の家庭教育国際調査（速報版）　https://berd.benesse.jp/jisedai/research/detail1.php?id=5257

㊵ポール・タフ／駒崎弘樹、高山真由美訳（2017）『私たちは子どもに何ができるのか――非認知能力を育み、格差に挑む』英治出版

㊶舞田敏彦（2019）　教員の勤務時間の国際比較（2018年），データえっせい　https://tmaita77.blogspot.com/2019/06/2018.html

㊷マリリー・スプレンガー（Marilee Sprenger）／大内朋子、吉田新一郎訳（2022）『感情と社会性を育む学び（SEL）――子どもの、今と将来が変わる』新評論

㊸ミハイ・チクセントミハイ／大森弘訳（2010）『フロー体験入門――楽しみと創造の心理学』世界思想社

⑭厚生労働省（2023b）「令和４年版自殺対策白書」 https://www.mhlw.go.jp/stf/seisakunitsuite/bunya/hukushi_kaigo/seikatsuhogo/jisatsu/jisatsuhakusyo2022.html
⑮国際教育政策研究所（2017）ＯＥＣＤにおける「生徒の学習到達度調査国際結果報告書」
⑯国立教育政策研究所（2021）いじめ追跡調査2016-2018 https://www.nier.go.jp/shido/centerhp/2806sien/tsuiseki2016-2018.pdf
⑰国立国語研究所（2002）『方言文法全国地図』第５集。
⑱国立社会保障・人口問題研究所（2023） 2022年社会保障・人口問題基本調査 生活と支え合いに関する調査報告書 https://www.ipss.go.jp/ss-seikatsu/j/2022/SSPL2022_houkokusho/SSPL2022_houkokusho.pdf
⑲佐藤明彦（2022）文科省が蓋をする「教師の非正規率」の衝撃実態 https://toyokeizai.net/articles/-/596089
⑳ジャン・ピアジェ／中垣啓訳（2007）『ピアジェに学ぶ認知発達の科学』北大路書房
㉑三宮真智子（2020）『メタ認知：あなたの頭はもっとよくなる』中公新書
㉒高橋義明（2018） 国際比較と政策利用からみた幸福度の測定方法のあり方―アジア諸国を中心とした幸福度調査結果から―，早稲田大学大学院アジア太平洋研究科． 1–260.
㉓瀧澤悠・Murray. J.・Bambling M・松本有貴・石本雄真・山根隆宏・小林勝年・片山泰一・西田千寿子（2021）『今日から始める子どもの心の支援――心理学と神経科学の融合から得られる理解』今井出版
㉔田島優（2021）「感謝表現『おおきに』の誕生」明治大学教養論集刊行会 URL http://hdl.handle.net/10291/21730
㉕ダニエル・ゴールマン 土屋京子訳（1996）『ＥＱ～こころの知能指数』講談社
㉖ダニエル・ゴールマン＆ピーター・センゲ／井上英之監訳（2022）『21世紀の教育』ダイヤモンド社
㉗内閣府（2021）第９回高齢者の生活と意識に関する国際比較調査 https://www8.cao.go.jp/kourei/ishiki/r02/zentai/pdf_index.html
㉘中村真（2010）社会的共生の心理学的基盤－感情のコミュニケーションと道徳的感情－宇都宮大学国際学部研究論集， 第30号， 75－86
㉙ニシャート・アニーシャ、・鈎治雄（2022）「創価大学教育学論集」72号 p. 179-193, 発行日 2020-03-31

邦文文献一覧

❶アディッシュ株式会社（2023）https://www.adish.co.jp/news/20230711_sg/

❷アメリカ研究協会（American Institute for Research：AIR）（2019）「子どもと社会――子どものウェルビーイングの国際調査」の報告書

❸石本雄真（2019）「チーム学校を活かしたソーシャル・エモーショナル・ラーニング（SEL）実践――スクールカウンセラーが関わる実践に焦点を当てて」日本教育心理学会第61回総会発表論文集、p.66.

❹岩崎一郎（2016）『なぜ稲盛和夫の経営哲学は、人を動かすのか？――脳科学でリーダーに必要な力を解き明かす』クロスメディア・パブリッシング［インプレス］

❺メアリー・ウェルフォード（2016）『実践セルフ・コンパッション 自分を追いつめず自信を築き上げる方法』石村郁夫・野村俊明訳、誠信書房

❻エモーション・スタディーズ第２巻編集部会（2016）「エモーション・スタディーズ」第２巻第１号、pp. 1～2　特集「社会性と感情」

❼ OECD（2023）OECD_Learning_Compass_2030_concept_note.pdf（学びの羅針盤2030）

❽大林宣彦　（2019）『クローズアップ現代 生きる覚悟』（ＮＨＫ）11月28日放送

❾カタリバ（2023）「不登校に関する子どもと保護者向けの実態調査」https://www.katariba.or.jp/wp content/uploads/2023/12/9b19a146b26864099def5415ab80d42a.pdf

❿厚生労働省（2018）「雇用政策研究会報告書概要（案）」

⓫厚生労働省「子ども食堂応援企画」https://www.mhlw.go.jp/stf/houdou_kouhou/kouhou_shuppan/magazine/202010_00002.html

⓬厚生労働省（2022）「令和３年度 全国ひとり親世帯等調査結果の概要」https://www.cfa.go.jp/assets/contents/node/basic_page/field_ref_resources/f1dc19f2-79dc-49bf-a774-1607026a21d/9ff012a5/20230725_councils_shingikai_hinkon_hitorioya_6TseCaln_05.pdf

⓭厚生労働省（2023a）「令和４年 国民生活基礎調査の概況」 https://www.cfa.go.jp/assets/contents/node/basic_page/field_ref_resources/f1dc19f2-79dc-49bf-a774-1607026a21d/ef3febb4/20230725_councils_shingikai_hinkon_hitorioya_6TseCaln_06.pdf

執筆者紹介

石本雄真（いしもと・ゆうま）
鳥取大学教員養成センター准教授。神戸大学大学院人間発達環境学研究科修了。博士（学術）。適応指導教室指導員、特別支援巡回相談員、小中学校スクールカウンセラーとして、特別支援、心理臨床の現場で支援に携わってきた。専門は学校臨床心理学。大学では教員養成課程を担当し、生徒指導、教育相談に関わる授業を担当するとともに、教員を目指す学生の支援に携わる。日本SEL学会理事。公認心理師。

瀧澤　悠（たきざわ・ゆう）
オーストラリア、フリンダース大学教育・心理・社会福祉学部講師。クイーンズランド大学大学院医学部博士課程卒業（PhD）。オーストラリアの心理クリニック、病院、学校において、心の問題を抱えた子どもや大人に対して心理療法を用いて支援。大学では学部と大学院でメンタルヘルス支援の授業を担当。デジタルテクノロジーを用いた心理支援やメンタルヘルス専門家の研究に携わる。カウンセリング心理士。オーストラリア心理学会正会員。日本SEL学会会理事。

西田千寿子（にしだ・ちずこ）
和歌山県田辺市出身。日本レジリエンス教育研修センター（JRET）代表理事。小学校の教諭を勤めながら大阪大学大学院連合小児発達学研究科にて博士号取得。元日本ホリスティック教育協会代表を２年務める。幼児のSELプログラム「くまのこプログラム」を開発し実践している。子どもたちが心身ともに幸せに豊かに育つことを願いながら、保育、教育現場でできることを探し求めている。日本SEL学会会監事。

「WEダイアリー」をプレゼント

本書で紹介している「WEダイアリー」（冊子）を無料で差し上げます。なお、送付に関しては宅配便の着払いとなります。また、10冊以上のお申し込みをお願いいたします（在庫がなくなり次第終了）。
ご紹介しましたように、小学生向けにつくられていますが、成人の方にも使っていただけます。「ありがとう」の力であなたの生活がよい方向に変化し、ウェルビーイングが高まることを願っております。

申込先　〒169-0051　新宿西早稲田３－16－28　（株）新評論　営業部
TEL：03-3202-7391　　sales@shinhyoron.co.jp

編著者紹介

松本有貴（まつもと・ゆき）

徳島文理大学人間生活学部児童学科教授。中学校教員を経てオーストラリアに留学し、クイーンズランド大学大学院で心理学のＰｈＤ取得。親支援プログラム「トリプルP」と子ども支援プログラム「フレンズ」を日本に導入。保育・教育・福祉の現場において子どものウェルビーイング向上に役立つ支援を研究している。学校心理士・公認心理師。日本SEL学会福会長。こども家庭庁こども・若者支援体制整備及び機能向上事業アドバイザー。

「ありがとう」の力

——学校に笑顔をとどけるウェルビーイング日記

2024年９月30日　初版第１刷発行

編著者　松　本　有　貴

発行者　武　市　一　幸

発行所　株式会社　新　評　論

〒169-0051
東京都新宿区西早稲田３-16-28
http://www.shinhyoron.co.jp

電話　03(3202)7391
FAX　03(3202)5832
振替・00160-1-113487

落丁・乱丁はお取り替えします。
定価はカバーに表示してあります。

印刷　フォレスト
装丁　星野文子
製本　中永製本所

©松本有貴ほか　2024年　Printed in Japan

ISBN978-4-7948-1273-5

＊QRコードは（株）デンソーウェーブの登録商標です。

JCOPY ＜(社)出版者著作権管理機構 委託出版物＞
本書の無断複写は著作権法上での例外を除き禁じられています。複写される場合は、そのつど事前に、(社)出版者著作権管理機構（電話 03-5244-5088、FAX 03-5244-5089、e-mail: info@jcopy.or.jp）の許諾を得てください。

新評論　好評既刊　　あたらしい教育を考える本

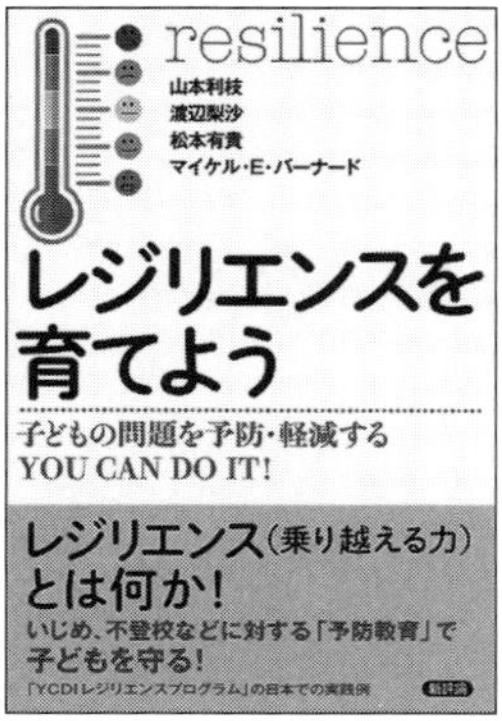

山本利枝　渡辺梨沙　松本有貴
マイケル・E・バーナード

レジリエンスを育てよう

子どもの問題を予防・軽減する
YOU CAN DO IT!

教育にも「事後ではなく予防」の考え方を！
子ども自らが辛さを乗りこえ回復していく
力を育むオーストラリア発の最新教育実践。

四六並製　238頁　2420円　ISBN978-4-7948-1247-6

マリリー・スプレンガー／大内朋子・吉田新一郎 訳

感情と社会性を育む学び(SEL)

子どもの、今と将来が変わる

認知（知識）的な学びに偏った学習から、感情と社会性を重視する
学習へ！米国発・脳科学の知見に基づく最新教授法のエッセンス。

四六並製　302頁　2640円　ISBN978-4-7948-1205-6

L・ウィーヴァー＋M・ワイルディング／高見佐知・内藤翠・吉田新一郎 訳

SELを成功に導くための五つの要素

先生と生徒のためのアクティビティー集

「心理的安全性」が確保された学びのコミュニティを目指す
すべての先生へ。SELと教科学習を統合する最新アプローチ。

四六並製　412頁　3300円　ISBN978-4-7948-1244-5

S・サックシュタイン／中井悠加・山本佐江・吉田新一郎 訳

成績だけが評価じゃない

感情と社会性を育む(SEL)ための評価

子どもの尊厳を守り、感情も含めてまるごと理解し、社会性を
育むような「評価」とは？米国発・最新の総合的評価法を紹介。

四六並製　256頁　2640円　ISBN978-4-7948-1229-2

＊表示価格はすべて税込み価格です